우리네 옛 살림집 · 김광언

韓國基層文化의 探究

우리네 옛 살림집·김광언

韓國古家圖說·金光彦

열화당

일러두기

· 이 책은 1960년대부터 최근까지 오십 년 가까이,
  저자가 남한 전역과 일부 중국 조선족자치주의 옛 살림집 현장을
  직접 답사하여 촬영한 방대한 사진자료 중 엄선한 천여 컷의
  사진과 이에 관한 사진설명으로 구성되어 있다.
· 원시 주거형태인 '움집'을 맨 앞에 두고, 나머지는 지역별로
  장(章)을 나누었으며, 사진 번호는 장마다 다시 매겼다.
· 필요한 경우 평면도를 수록했으며, 축척과 방위는 답사 당시
  기록된 것만을 표시했다.
· 용어는, 표준어가 아니더라도 가급적 답사 당시 해당 지역에서
  쓰던 말을 그대로 사용했다.

머리말

1.

나와 우리네 살림집과의 인연은 1969년 문화재관리국에서 벌인, 안동댐 건설로 인한 수몰 예정 지역의 옛집 조사가 실마리였다. 장주근(張籌根) 선생님, 관리국의 홍 기사, 나 셋이 동아리가 되어 남겨야 할 집을 고른 다음, 간단한 평면도를 뜨고 사진을 찍었다. 건축 지식이 전혀 없는 나 같은 맹탕도 끼어들 만한 일이었다.

이듬해 관리국에서 문화재 지정을 위한 고가(古家) 조사를 시작하였고, 뜻밖에도 내가 김정기(金正基, 1930-2015) 선생님을 돕게 되었다. 저쪽에서 안동 조사 경험을 산 듯하다. 그러나 이번에는 보고서를 내야 하는 데다가, 선생님이 그 일을 내게 밀어 맡기셔서 여간한 걱정이 아니었다. 1964년 봄, 이분의 한국건축사 강의를 신청했지만 워낙 바쁘신 데다가, 수상한 시절 탓도 겹쳐서 강의는 단 한 번도 듣지 못한 채 학기가 끝났었다. 따라서 이 분야 지식이 전혀 없는 내가 맡을 일이 아니었던 것이다. 서너 가지 책과 관련 글들을 읽었지만 모두 건축기술에 관한 것이어서 보탬이 되지 않은 것은 물론, 오히려 우리 옛 분네들이 집을 왜 그렇게 지었으며, 그 안에서 어떻게 살았는가 하는 궁금증만 더 쌓였다. 나는 이 의문을 푸는 데 힘을 쏟기로 마음 먹었다.

각 시도에 보낸 공문에 경상북도에 이십여 채가 있다는 보고를 올렸지만 조사 대상에 든 것은 삼분의 일쯤이었다. 현지조사 뒤, 영천 정 씨네 두 집, 경주 교동의 최 씨네와 양동의 손 씨네를 지정 감으로 꼽았더니 선생님도 그대로 따라 주셨다. 불에 탄 최부자집 사랑채를 다시 세울 때, 내 사진과 평면도가 보탬이 된 것은 지금 생각해도 기쁘다. 두어 해 뒤 선생님이 "용어 설명이 조금 서투르지만 보고서를 놀라울 만큼 잘 썼다"고 하셨다는 이야기를 친구 전영우(全映雨) 형을 통해 들었다.

이때 배운 것 중의 하나가, 경상도에서는 처음에 며느리가 안채 머릿방(건넌방)을 쓰다가 서너 해 뒤 큰방(안방)으로 들어가고, 큰방 시어미가 머릿방으로 물러나는 관습이었다. '머릿방 며느리가 큰방 농 들어낸다'는 말은 이에서 왔다. 큰사랑방의 아버지와 작은사랑방의 아들도 마찬가지였다. 이를 들은, 지금은 돌아가신 영남의 유명 문화인류학자는 '택도 없다'며 면박을 주었다. 과연, 등잔 밑은 어둡게 마련이었다. 이와 딴판으로 다른 지역에서는 방을 바꾸지 않을 뿐 아니라, 시어미의 혼령(魂靈)이 삼 년 동안 깃들였다고 하여 며느리는 얼씬도 않는다. 제주도에서는 안거리(안채)의 부모가 아들네에게 방을 물려주고 밧거리(바깥채)로 물러난다. 이때도 어미가 물질을 하면 남남처럼 따로 살다가 아비가 혼자 남았을 때 자식이 모신다. 경제권을 쥔 여성이 실직적 호주(戶主)인 셈이다. 경상도 관행은, 자녀의 혼인 따위를 계기로 가장이 그 지위나 재산을 생전에 물려주는 일본의 은거제도(隱居制度)를 닮았으며, 제주도는 일본 오키나와에 더 가깝다.

또 하나는 이른바 남녀유별(男女有別)이라는 유교(儒敎)의 가르침대로 여자는 안채에서, 남자는 사랑채에서 따로 지낸 점이다. 담을 두른 탓에 중문을 닫아걸면 딴세상으로 갈렸다. 이에 따라 사랑채의 지아비는 비밀통로를 통해 도둑고양이 걸음으로 안채로 들어갔다가 자신의 방으로 되돌아와 아닌 보살 노릇을 하였다. 세 칸 초가도 마찬가지였다. 충남 보령시 원산도에서 시부모의 안방과 아들네의 건넌방 사이의 좁은 퇴에 외짝 여닫이를 붙인 것이 좋은 보기이다. 어디 그뿐이랴. 전남 담양에서는 아예 두짝열개의 어엿한 대문을 달기도 하였다. 세계 건축사에서 보면 최대의 희극이자 비극으로 꼽힐 듯하다.

2.
집과의 인연은 다시 이어졌다. 성균관대학교의 임형택(林熒澤) 선생이 "전북대 교수가 어째서 영남만 들추고 다니느냐. 우리 마을에도 큰 집이 있다"고 알린 것이다. (호남에 발걸음을 않은 것은 대상 가옥이 한 채도 없다는 보고 때문이었다.) 이로써 1971년 전라북도 정읍시 산외면 오공리 김동수(金東洙) 씨 집이 중요민속자료로 지정되었다. 사십여 년 전쯤에는 문화재위원회에서 새파란 전문위원의 말에 이처럼 무게를 실어 주었다. 그 뒤 우리네 집을 남달리 아끼는 강릉 선교장(船橋莊) 출신의 이기웅(李起雄) 열화당(悅話堂) 사장이 나의 책『정읍 김씨집』(1980)을 출간해 주어 또 다른 인연을 맺었고, 이후 이기웅 사장은 정읍 김동수 씨 가옥 옆에 자리한 작은 댁이 방치되어 쓰러져 가는 것을 보고, 그 중 사랑채 한 동을 2000년에 파주출판도시로 걸려오기도 했다.

이때부터 스스로 전국의 집을 찾아 나섰고, 아산재단 등지에서 내준 연구비는 날개가 되었다. 답사는 일주일에서 열흘쯤이었지만 늘 즐겁지만은 않았다. 1971년 겨울, 전북 부안군 위도에서는 이장네 윗방 쌀가마 위에서 신 신고 모자 쓰고 외투 입은 채 밤을 보냈다. 땔감이 모자라 안방에서 온 식구가 함께 자는 형편이었던 것이다. 그리 들어오라 하였지만 차마 "네" 소리가 나오지 않았다. 전날 밤, 부안군 격포의 단 하나뿐인 여인숙에서 자던 나는 자정 무렵에 깨어났다. 방바닥이 냉돌로 바뀐 탓이다. 이불과 요로 몸을 감고 파수꾼처럼 새벽을 기다렸다. 아침에야 연탄을 아끼려는 주인이 서너 시간마다 불을 방방으로 돌린 것을 알았다. 1966년에도 간판 달린 완도 여인숙에서 같은 일을 겪었지만 1973년에는 밤새 절절 끓었다. 그 사이 우리네 살림이 핀 덕분일 터이다.

이 무렵, 섬으로 들고나는 화물 대부분은 상표도 없는 소주 통이었고 이름 그대로

'번지 없는 주막'에서 한 컵에 얼마씩 '고뿌(컵의 일본말) 소주'로 팔았다. 안주래야 사발의 왕소금뿐이었다. 수인사를 나눈 이장(里長)에게 한 컵 따르면 목구멍을 열고 껄떡껄떡 들이붓고 나서 잔을 내 앞에 던지듯 내려놓기 일쑤였다. 지금껏 좋은 술에 좋은 안주를 즐겼을 터이니 이것도 맛 좀 보라는 뜻이다. 이쯤이면 나도 한 잔은 마시지 않을 수 없다. 재촉하는 눈빛을 피하며, 쉬엄쉬엄 넘긴 다음 "나는 일이 있으니 당신은 마음껏 마시라"고 하면 그제야 얼굴이 풀어진다.

완도의 김동명 이장은 2월의 칼바람이 매섭던 날, 종일 언짢은 내색 없이 도와주었다. 저녁을 살 터이니 제일 맛있는 데로 가자고 하였더니 드럼통에 연탄불 박은 돼지구이 집으로 데려갔다. 서너 순배 뒤 "아니, 완도의 제일 맛 좋다는 식당이 여기냐" 하였더니, 아차 하는 눈빛이었다. 육지와 달리 완도에서는 생선이 발에 채일 만큼 흔했던 것이다.

어느 봄날 진도의 한 초가에 들어서자 쪽퇴에서 점심 들던 할머니가 "밥 먹었느냐" 물었다. 그렇다고 했건만 당신의 꽁보리밥을 사발에 덜고 물까지 붓더니 "당신이 먹어야 올 농사 풍년 든다"는 것이었다. '굶기를 밥 먹듯 하던 시절'이었는데, 나 그네가 혹 배를 곯지는 않았을까 하여 둘러댄 것이다. 물론 반찬은 마련이 없었다. 1970년 여름, 내게 이밥을 먹이려던 지리산 뱀사골 달궁의 샛〔茅〕집 주인은 제사에 쓰려고 벽에 매달은 쌀 주머니를 내리다가 석유 등잔에 떨어뜨리고 말았다. 열 번을 거듭 씻어도 석유 냄새가 가시지 않아 마침내 먹지 못하였다.

백령도의 윤 씨처럼 농사를 꿰뚫어 아는 이를 다시 만나기 어려울 것이다. 진흙 길을 걷는 소처럼 띄엄띄엄 들려주던 그의 목소리는 지금도 귓가에 남아 있다. 그의 대답을 들으며 '내가 아는 것은 무엇인가' 부끄러움이 앞섰다.

그 무렵에는 버스가 일찍 끊기는 데다가 사람들도 저녁에야 틈이 나므로 현지에서 자는 것이 예사였고, 상대는 없는 살림에도 대접에 정성을 기울였다. 떠날 때 봉투를 내밀면 펄쩍 뛰며 밀막는 바람에, 뒤에는 베개나 요 밑에 묻어 두는 꾀를 썼고, 이마저 틀어지면 가족이나 노인의 영정(影幀) 사진을 찍어 보내기도 하였다. 삼척시 도계읍 신리의 김해명 노인에게 사진을 찍어 주겠다고 하자 "아, 최 아무개도 그러더니 사진은커녕…" 기다렸다는 듯이 벼락 치듯 소리를 질렀다.

앞의 경상도 조사 때 영천 정 씨 집 평면도를 뜨려고 행랑방을 열었을 때이다. 담배, 그것도 잎담배를 얼마나 피웠는지, 옷갓을 한 노인들 모습이 연기 속에서 부옇게 드러났다. 떠날 무렵 두툼한 봉투를 내밀었다. "받아라" "안 된다" 버티다가 내가 논두렁으로 구르고 말았다. 마침내 그 안에 든 이만 원의 반을 받고 풀려났다. 종가(宗家)를 도우려고 모여 앉은 그들은 액수를 정하느라 담배를 그리도 피워 댔을 것이다. 이듬해 만난 당주(堂主)는 "노인들이 김 선생 양반이라고 합디다" 일러주었다. 이와 달리 경주 양동의 손 씨는 손사래 치는 내게 "우리는 예부터 객에게 노자를 드렸습니다" 하였다. 이 당당한 '대의명분'을 누가 꺾으리오. 두 사람〔여중철(呂重哲) 영남대

명예교수와 나)의 점심값과 평해로 가는 버스 삯을 하고 귀퉁이가 떨어지는 금액이었다.

현지조사 때는 무엇보다 저쪽의 마음이 열리기를 기다려야 한다. 강원도 양양군 서면에서 물은 매사냥을 다른 곳과 견주었더니 동떨어진 내용이 적지 않아 이듬해 다시 갔다. 상대의 말이다. "아, 그때는 날씨도 무더운 데다가 농사에 정신이 없는 판에 시답지도 않은 것을 고주알미주알 캐는 바람에 건성으로 네, 네 했지요." 한 선배는 어디서나 수사관이 범인 조이듯 따져 묻고 그나마 자정 무렵이 되어서야 끝을 냈다. 학문에 대한 그의 열정에 모두 감복하였고 실제로 적지 않은 업적을 올렸지만, 올바른 조사법이라고 하기는 어려울 듯하다. 이 일은 머리가 좋을 필요는 없지만 서두르지 않고 기다리는 끈기가 필요하다.

3.

이십오 년 전쯤, 한길사의 '역사기행'단과 함께 강원도에 갔을 때이다. 우리네 집 이야기를 펼치면서 초가를 없애야 한다고 법석들이지만 좋은 점도 적지 않다고 하자, 대시인(大詩人) 고은(高銀) 선생이 "초가에 사는 사람의 한을 모르는 소리"라고 윽박질렀다. 그러나 가난뱅이만 초가에서 살지 않았다. 고려대학교와 동아일보를 세운 김성수(金性洙, 1891-1955) 선생이나 김영랑(金永郎, 1903-1950) 시인의 생가도 초가이고, 고창에는 안채만 전면 일곱 칸 반에 측면 두 칸 규모의 초가집이 있다. 1960년대 중반까지 중류층이 살던 서울 서대문구 옥천동 1통 9반은 아홉 채 가운데 세 채가 초가였으며, 크기도 기와집에 못지않았다. 방이 넷인 우리 집에서도 빨래는 수돗물에 빨아야 빛이 난다며 초가로 들고 갔다. '역사기행' 끝자리에 러시아대사를 지낸 이인호(李仁浩) 선생이 "오늘 행복했습니다"라는 인사를 건넨 것을 보면 온 겨레가 초가에 한을 품은 것은 아닌 듯하다.

그것은 어떻든, 칠십년대의 새마을운동 때 "초가집도 없애고…"라는 노랫말대로 초가는 하루 바삐 없애야 할 공적 1호로 떠올랐다. 더구나 군수(郡守)나 면장(面長)을 지붕개량 비율에 따라 멀리 내치기도 한 탓에 열풍을 넘어선 광풍이 몰아쳤다. 기둥이 엿가락 같은 전북 어청도에서 슬레이트를 얹으면 무너질 수밖에 없어 집 주위에 블록을 두르고 슬레이트로 덮는 술책을 쓴 까닭이 이것이다. 그러나 초가는 그렇지 않아도 사라질 운명을 맞고 있었다. 쌀 수확에 혁명적 성과를 가져온 통일벼는 대가 짧고 약해서 이엉을 엮을 수 없었기 때문이다. 오늘날 문화재청이 고가(古家) 수리에 쓸 볏짚을 얻으려고 계약재배 하는 것이 좋은 보기이다.

정부의 한옥 보호정책도 되짚어 볼 필요가 있다. 첫째, 중요민속자료로 지정된 152건 가운데 경상북도 분포율이 43퍼센트가 넘는 점이다. 전국 조사 뒤 지역 특성에 맞는 집을 골랐어야 함에도 시시때때로 지정한 탓이다. 둘째, 폐가(廢家)에 가까운 집까지 손을 보느라고 많은 예산을 쓰는 점이다. 전체의 반 이상 지정을 해제할 필요가 있다. 셋째, 문화재보호법의 규제가 지나쳐서 문화재 지정을 주인이나 마을에서 거부하는 점이다. 울릉도를 제외하고는 오직 한 채뿐인 강원도 홍천의 귀틀집과 정선의 돌기와집이 좋은 보기이다.(오 년여 전의 일이므로 벌써 헐렸을지도 모른다)

백 년 전쯤, 선교사들이 퍼뜨린 찬송가 따위를 우리는 양악(洋樂)이라 불렀으며, 배재학당(培材學堂)의 밴드도 '양악대(洋樂隊)'였다. 바이올린의 별명 '깡깡이'도 서양 것을 우습게 여긴 데서 붙인 별명이다. 벽돌집은 양옥(洋屋), 옷은 양복(洋服)이었고, 음식 또한 양식(洋食)이었다. 그러나 오늘날에는 나그네와 주인 자리가 뒤집어졌다. 서양의 것은 음악, 우리 것은 국악(國樂)이라고 해야 알아듣는다. 어디 그뿐인가. 옷은 한복(韓服), 집은 한옥(韓屋), 음식 또한 한식(韓食)이다. 우리 옷과 집과 음식을 마치 남의 것처럼 일컫는 것이다.

앞의 '역사기행' 자리에서 서울대 변형윤(邊衡尹) 교수가 "전국 어디 안 가 보신 데가 없겠네요" 하시기에 "그래도 못 간 데가 더 많습니다" 대답하였다. 갔던 곳을 되짚어 가는 일도 드물지 않다. 강원도 삼척시 도계읍 신리를 처음에는 물방아와 물레방아, 두번째는 디딜방아, 세번째는 지게, 네번째는 쟁기를 보러 갔다. 이 가운데 두 번은 청량리에서 야간열차를 타고 이튿날 새벽 통리에 내려서 서너 시간을 좋이 걸었다. 그 뒤 삼십여 년이 지난 지금도 더러 보따리를 싸는 판이니 어지간히 쏘다닌 셈이다. 혼인 삼십 주년이 되는 날 저녁, 포도주 잔을 든 채 내뱉은 아내의 말이 귀에 쟁쟁하다. "그렇지만 한 지붕 아래에서 산 것은 반도 안 돼요."

제 일을 밀어 두고 남의 일에 끼어들어『한국의 주거민속지』를 비롯,『한국의 옛집』『동아시아의 부엌』『우리 생활 100년─집』『한국의 집지킴이』『바람·물·땅의 이치』『박장흥댁』『백불고택』『송석헌』따위를 냈다. 이 가운데『송석헌』은 명지대학교 김홍식(金鴻植) 교수를 공저자로 맞아 건축학적 설명을 붙였다. 이 민속학과 건축학의 합작품을 두고 김 교수 주변에서 "집 한 채를 가지고 소설을 썼느냐"는 말이 돌았다고 한다.

이웃의 중국과 일본을 함께 다룬『동아시아의 뒷간』과『동아시아의 부엌』을 선보였으며『동아시아의 우물』을 준비 중이다. 본디『동아시아 주거민속지』를 위한 자료를 모으다가 떼어낸 것이다. 이 책에 담지 못한 상류 살림집의 모습도 펴내고 싶다. 십오 년 넘게 문화재위원회 건축분과 위원장을 지낸 박언곤(朴彦坤) 교수는 "김 선생이 건축 전공자인 줄 알았다" 하였고, 경북대 정명섭(鄭明燮) 교수는 "선생님의『한국의 주거민속지』를 교과서처럼 읽었다"고 들려주었다.

이들 가운데『한국의 옛집』은 월간『마당』에서 일 년 구독자에게 선물한 것이어서 내용이 엉성할 뿐 아니라, 디자이너가 사진을 버려 놓은 탓에 허접쓰레기가 되어 버렸다. 사진을 보태 다시 내려다가 재탕이 되기 쉽고, 열화당에서 먼저『한국의 살림집』과『초가』도 나와서 초가를 중심으로 내용을 다시 짰다.

4.

이 책이 지닌 특징의 하나는 함경도·평안도·황해도 집을 다룬 점이다. 현지에 간 것은 아니고 1996년부터 중국 길림성 일대의 농기구 조사를 위해 드나들 때마다 눈에 띄는 대로 도면을 그리고 사진 찍은 결과물이다. 이렇게 될 줄 알았더라면 하는 아쉬움이 앞선다. 길림성의 우리 겨레가 함경도 문화를 그대로 지녔듯이, 집안시 일대에서도 평안도 문화가 남아 있다. 황해도 집은 1981년부터 거둔 인천광역시 옹진군 백령도와 대·소청도 그리고 연평도 자료로 대신하였다. 한국전쟁 전에는 모두 황해도에 딸려 있었다. 1980년 초에 백령도로 가려면 미리 신원조회를 받았고, 배 시간(오전 일곱시)에 대려고 인천서 하루 묵었다. 여덟 시간이 넘게 걸린 까닭이다.

우리네 살림집을 평면 중심으로 보면 방이 두 줄로 들어선 겹집과 한 줄인 홑집으로 나뉜다. 이에 따라 이 책에서는 원시 주거형태인 움집을 맨 앞에 두고, 겹집 지역인 함경도·강원도·황해도·경상도와, 홑집 지역인 평안도·경기도·충청도·전라도·제주도 차례로 늘어놓았다. 그때그때 눈에 띄는 것을 모은 까닭에 내용이 고르지 못하고 들쭉날쭉한 것이 아쉽다. 『한국의 옛집』과 『한국의 주거민속지』의 사진을 더러 되쓰기도 하였다. '우리 옛 분네들이 집을 왜 그렇게 지었으며, 그 안에서 어떻게 살았는가' 하는 주제를 살리려고 신앙·의례·마을생활 따위의 자료도 덧붙였다.

한국전쟁 뒤 유엔한국부흥단(UNKRA)에서 서울에 열대여섯 평의 양옥을 지어주었고 우리는 그곳을 문화촌과 문화동이라 불렀다. 서양 집이 더 좋고 더 편리하고 더 살 만하다고 여긴 것이다. 그리고 반세기도 지나기 전, 전국을 '아파트 공화국'으로 바꾸기에 성공하였다. 과연 우리는 문화민족으로 탈바꿈한 것인가.

내가 '고래 등 같은 기와집'에 처음 들어가 본 것이 1962년 7월 초이다. 임석재(任晳宰, 1903-1998)·이두현(李杜鉉, 1924-2013) 두 선생님을 모시고 강릉에 들렀을 때, 현지 인사(人士)의 안내로 선교장(船橋莊)을 찾은 것이다. 그럼에도 정작 집에 대한 기억은 가뭇없고 동별당(東別堂)에서 안노인이 내신 찬 음료를 마신 일만 어렴풋하다. 아니 그보다 그 노마님의 끼끗한 모습을 대하고 '아, 사람이 저렇게 늙는구나' 하는 찬탄이 절로 나오던 것만 또렷하다.

선교장 열화당(悅話堂)을 오은(鰲隱) 이후(李垕, 1773-1832) 선생께서 1815년에 세우셨다니 2015년으로 이백 주년이 되었다. 이 무렵에 내 책을 내게 되어, 이 또한 남다른 인연이 아닌가 한다.

2016년 1월 충주 남산 기슭에서
지은이 씀

A Summary
Finding the Traces of Life in Korean Old Houses

This book is a compilation of the Korean folklorist Kim Kwangon (1939–) more than 40 years of explorations of old houses in Korea. Realizing how important it is to record the unique houses that still remain in Korea, the author has been visiting and recording them since the 1960s. The scope of his research covers all of Korea's territory, including Gangwon-do, Gyeonggi-do, Chungcheong-do, Jeolla-do, Gyeongsang-do, and Jeju-do. As well, the author has also included the houses of Hamgyeong-do and Pyeongan-do through Jilin and Ji'an, and the houses of Hwanghae-do through the materials of Islands — Baengnyeongdo, Daecheongdo, Socheongdo and Yeonpyeongdo — in Ongjin-gun, Incheon.

Starting with an examination of the origin of houses by looking at relics of dugout huts that still remain, the author introduces Korean houses in each region. In particular, the author divides the houses into multiple-wing houses with two rows of rooms and single-wing houses with one row of rooms, according to which they are arranged in the order of Hamgyeong-do, Gangwon-do, Hwanghae-do and Gyeongsang-do, which are regions with multiple-wing houses, and Pyeongan-do, Gyeonggi-do, Chungcheong-do, Jeolla-do and Jeju-do, which are regions with single-wing houses. Detailed descriptions are added to each photo of the houses, along with a floor plan to aid the reader's understanding. To answer the questions of "why our ancestors built their houses that way" and "how they lived there," the author also added information on aspects such as beliefs, rituals, and village life. While most of the photos in this book have not been published before, some were previously featured in the books *Old Houses of Korea* and *Housing Ethnography in Korea*.

The author became involved with Korean houses when the Office of Cultural Properties (now the Cultural Heritage Administration) explored old houses in the submerged area of Andong Dam in 1969. Together with a few others, the author chose the houses to be remained, drew brief floor plans, and took photos. The following year, the Office of Cultural Properties began investigating old houses to designate as cultural heritages, and helped the late Doctor Kim Jeong-ki, who devoted his life to preserving and excavating cultural heritages. The author was able to participate in this project thanks to his previous investigative experience in Andong. The official document sent to each city and province reported that there are more than 20 such houses in Gyeongsangbuk-do, a third of which are included in the investigation. After field work, the author selected two Jeong family houses in Yeongcheon-si, the Choi family house and the Son family house in Gyeongju-si, for which Dr. Kim gave his consent.

Later, the author heard the news from Professor of Sungkyunkwan University Lim Hyeong-taek that there was a big house in Jeollabuk-do as well, so he visited the Kim family house in Ogong-ri, Sanoe-myeon, Jeongeup-si, Jeollabuk-do and the house was designated as Important Folklore Material. After this, the author set out to find old houses all over Korea. The explorations, which could take a week to ten days, were not always so pleasant. At the time, there were no buses during late hours, and people only had spare time at night, which forced the author to often spend the night in the regions he was investigating. He had to spend the night on bags of rice in the attic of the village foreman's house in Wido Island, Buan-gun, Jeollabuk-do during the winter of 1971. He also had to wait for dawn on the cold stone floor at the only inn in Gyeokpo-ri, Buan-gun. Of course, there were also many warm welcomes. At one thatch-roofed house in Jindo Island, an old woman that was having lunch put her boiled barley into another bowl and poured water in it, offering it to the traveler so he would not go hungry. When he drew the floor plan of the Yoon family house in Yeongcheon-si, Gyeongsangbuk-do, one villager offered the author a thick envelope of cash when he was about to leave, which led to a small argument. In field work like this, the most important thing is to wait for the villagers to open up. They would sometimes respond absent-mindedly as they were always busy with farming, so patience was needed.

Thanks to the author's patience and efforts, the stories of Korean old houses could be compiled into a book after 40 years. This book is a housing ethnography created based on the author's persistent explorations and records. This will enable us to look straight into the vanished or forgotten housing culture of the Korean people.

차례

머리말　　5

A Summary　　11

움집　　15

함경도　　25

강원도　　57

황해도　　105

경상도　　129

평안도　　161

경기도　　177

충청도　　243

전라도　　281

제주도　　347

참고문헌　　399

움집

사진 3은 강원도 삼척시 도계읍 신리의 움이다.(1967) 우리 옛 분네들은 일만 년 전쯤 시작된 석기시대에 강가나 바닷가에 움집을 짓고, 물고기나 짐승을 잡거나 풀뿌리식물 따위를 거두어 먹고 살았다. 이 집은 땅을 둥글게 또는 둥글넓적하게 파고(깊이 60센티미터쯤) 둘레에 여러 개의 기둥을 원뿔꼴로 세우고 나서 새[茅]나 나무껍질로 덮었다. 그리고 가운데에 냇돌을 둘러 놓고 화덕을 꾸몄다.(사진 9 참조) 움집은 무엇보다 추위를 더는 데 큰 도움이 되었던 까닭이다.

3세기의 중국 사서(史書)『삼국지(三國志)』에 "마한(馬韓)의 새[草]를 덮은 움집은 무덤을 닮았으며 문은 위에 달렸다"고 적힌 그대로이다.(「위서(魏書)」 '동이전(東夷傳)' 한조(韓條)) 한때 건축학계에서 '문이 위에 달렸다'는 데 의문을 가졌지만, 사진에 나타난 그대로이다. 또 앞의 책 '읍루조(挹婁條)'에 "큰 집은 층계가 아홉이며 깊을수록 좋이 여긴다"는 대목도 보인다. '층계'는 아홉 개의 턱을 붙인 외사다리이다. 낮에는 문에 기대 놓고 드나들다가 밤에는 바닥에 뉘어서 외부의 침입에 대비하였을 것이다. 근래까지

충청남도 공주시 마곡사(麻谷寺)에서도 곳간에 붙박고 오르내렸으며, 농가에서는 외양간 다락에도 놓았다.

집 가운데 화덕을 갖추고, 주위의 바닥과 벽에 짐승 가죽이나 나무껍질을 깔거나 걸었으며, 연기는 몽골족 천막처럼 지붕 위로 빠져나가도록 했다. 오늘날에도 강원도 산간지대에서는 늦가을에 감자·고구마·배추 따위를 갈무리하는 움을 종류에 따라 감자움·고구마움 따위로 부른다.(사진 4, 5) 배추를 신문지 따위로 싸 두면 이듬해 봄까지 두고 먹는다.

사진 4는 강원도 삼척시 하장면 한소리의 감자움으로, 눈비나 햇볕을 가리려고 함석으로 만든 눈썹차양(遮陽)을 붙였다.(1977) 사진 5도 같은 마을의 감자움으로, 여기서 꺼낸 감자는 굵은 것이 갓난아기 머리통만 하다.(1977)

사진 1은 경상북도 영주시 문수면 무섬마을의 외사다리로, 길이 1.8미터의 통나무에 발판 두 개를 붙였다.(1992) 사진 2는 충청남도 공주시 마곡사(麻谷寺)의 외사다리로, 두 사람이 오르내려도 좋을 만큼 너비가 너르다. (1982)

사진 8은 전라북도 영암군 서호면 장천리의 복원한 움집이다.(1988) 청동기시대(기원전 1300-기원전 1000)에 이르러 물고기나 짐승 사냥 외에 잡곡농사는 물론 벼농사도 지으면서, 집도 강가나 바닷가보다는 낮은 언덕에 지었다. 이 시대 중기의 대표적 유적이 전라남도 영암군 서호면 장천리 및 충청남도 부여군 초촌면 송국리 유적이다. 가운데에 기둥 두 개를 세우고 이에 의지해서 지붕을 걸었으며, 깊이도 30센티미터쯤으로 낮아졌고 평면도 원형에서 긴네모꼴(한쪽 길이 4-7미터)로 바뀌었다. 사진 11의 움집 터 아홉 개 가운데 위쪽의 대부분이 그것이다. 이에 따라 지붕과 벽이 분화되어 서서 움직일 수 있는 공간이 넓어졌다. 사진 8은 당시의 집을 복원한 것으로, 앞에서 든 대로 화덕 주위에 기둥 두 개를 박고(사진 9) 지붕을 꾸몄으며 앞에 문을 냈다.

사진 12도 전라북도 영암군 서호면 장천리의 복원한 움집으로, 한쪽에 부뚜막이 생긴 것이 큰 변화의 하나이다.(1988) 연기는 지붕 양쪽의 구멍으로 빠져나온다. 이 구멍은 까치

구멍의 전신이기도 하다. 바람에 날리지 않도록 양쪽 벽에 통나무를 귀틀꼴로 얽어 붙이고 입구를 한쪽으로 비켜서 마련하였다. 집의 규모가 커지면서 지붕 유지를 위해 화덕자리에 기둥 여섯 개를 박았다.

사진 10과 사진 13은 각각 사진 8과 사진 12를 보수할 때 생긴 근래의 변화이다.(2011) 유적 정비를 한다면서 입구를 기어서 드나들어야 할 정도로 낮춘 까닭을 알 수 없다.

사진 7은 움집 바닥으로, 가운데가 화덕, 주위의 구멍 네 개는 기둥 자리이다.(1989)

사진 6은 인천광역시 강화군 삼산면(석모도)의 뒷간으로, 사진 12를 닮았다.(1983) 신석기시대가 20세기 말까지 이어 내려온 셈이다. 어찌 집뿐이랴. 맷돌이나 절구 따위도 그 시절 그대로의 것이다. 화학비료가 나오기 전에는 사람의 똥오줌을 거름으로 쓴 까닭에, 농사가 많은 집에서는 뒷간을 크게 지었다. 오줌은 옹기에 따로 받고, 똥은 옆에 쌓아 둔 재에 버무려서 한쪽에 모은다. 이 똥재를 1930년대에 한 섬에 얼마씩 팔았다.

6

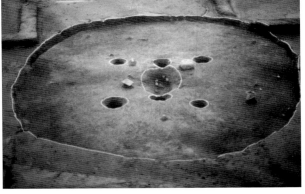

7

14   15

사진 16은 강원도 삼척시 도계읍 신리의 얼루기이다. (1967) 강원도 산간지대에서 콩·조·보리 따위의 묶음을 말리는 틀이다. 아랫도리는 세우고 위로 올라오면서 차곡차곡 옆으로 재워 넣는다. 위에 용수꼴 주저리를 덮어서 비가 새지 않는다. 안이 빈 데다가 밑으로 바람이 드나들어서 한 달이면 거뜬히 마른다. 움집 유적은 워낙 오래되어서 땅바닥에 남은 자리 외에 벽이나 지붕 구조는 알 수 없다. 다만 집 자리 둘레에 구멍이 있고 이들이 안쪽으로 기울어진 까닭에 긴 나무를 박아서 원뿔꼴 지붕을 덮었으리라 짐작할 뿐이다. 이 얼루기는 움집의 벽과 지붕 모습을 알려주는 좋은 보기이다.

사진 17은 강원도 평창군 진부면 하진부리의 여물 광이다. (1981) 강원도 산간지대에서는 겨울철 소에게 먹일 여물인 옥수숫대 따위를 작두로 잘게 썰어서 이곳에 갈무리한다. 들이치는 눈비를 막으려고 싸리로 엮은 문을 달았다. 꼭대기에 솟은 기둥 뿔들을 제외하면 움집 그대로이다.

사진 18은 강원도 삼척시 도계읍 신리의 물방앗간으로, 움집의 꼴을 알 수 있는 또 다른 보기이다.(1968) 지붕은 새로 덮고 두 짝의 널문을 달았다. 앞에서 든 『삼국지』의 '초(草)'를 '풀'로 옮기는 것은 잘못이다.

사진 14는 전라남도 구례군 산동면 지리산 서쪽 입구인 노고단(老姑壇, 1507미터) 언저리의 돌집이다.(1970) 막돌과 흙을 한 켜씩 번갈아 쌓아서 벽으로 삼고 삿갓지붕에 새를 덮었다. 벽과 지붕이 떨어졌을 뿐 형태는 움집을 연상시킨다. 왼쪽으로 뒷간 벽이 보인다. 누가 무슨 까닭에 이 높은 곳에 사는지 묻지 않은 것이 아쉬워서 이듬해 여름 다시 찾았으나 자취도 없었다.

사진 15는 인천광역시 강화군 삼산면 매음리(석모도) 보문사(普門寺) 근처의 집이다.(1998) 지붕은 대여섯 살짜리 여자 어린이의 짧은 단발머리를 연상시킨다. 살림집이 아니라 공부방인 듯하다. 짚이 날리지 않도록 일정한 간격을 두고 일곱 겹으로 엮은 것이 솜씨 빼어난 아낙네가 누빈 듯하다. 왼쪽의 굴뚝도 볼거리이다.

16

17

18

사진 20은 강원도 평창군 진부면 하진부리의 긴네모꼴로 꾸민 옥수수 얼루기이다.(1981) 청동기시대에도 벽을 이렇게 꾸몄을 것이다. 사진 19는 경상북도 울릉군 울릉읍 사동의 옥수수 얼루기이다.(2001) 얼루기의 뼈대로 옥수수를 널어 말린다. 사진 21은 강원도 강릉시 사천면 사기막리의 것이다.(1970)

사진 22는 서울특별시 강남구 삼성동 봉은사(奉恩寺)의 움집이다.(1987) 땅을 1.5미터쯤 파고 지어 김칫독 따위를 갈무리하는 곳으로, 청동기시대 움집 형태 그대로이다. 그 오래전의 움집을 20세기 후반기에도 지은 것은 여간 놀라운 일이 아니다. 지붕 위의 박 덩굴도 이제는 좀체 찾기 어려운 옛적 일이 되고 말았다.

일제강점기에는 서울 근교에 채장수와 갓바치 들이 움집에서 살았으며 채장수 집을 채움이라 불렀다. 『해동역사(海東繹史)』에도 "움집은 오늘날에도 곳곳에 남았고 서울의 갓바치들이 많이 산다"고 적혔다.(권29) 일제는 이 집을 토막집, 주민을 토막민(土幕民)이라 불렀다.

다음은 1941년의 상황이다.

"겨울철에는 움 바깥쪽 아랫도리가 묻히도록 흙을 쌓으며, 안쪽 흙바닥에 짚이나 등겨 따위를 넉넉히 깔고 그 위에 거적을 덧깔고 지낸다. 가운데 화로에 목탄이나 연탄을 지펴서 난방 겸 취사에 이용한다. 햇볕을 들이거나 하는 창이 따로 없어 일산화탄소에 중독될 위험이 크다."

1950년대 초에는 서울특별시 종로구 행촌동 일대의 폭격 맞은 집 자리에 난민들이 움을 지었다. 지붕은 미군부대에서 나온 맥주 깡통을 두드려 펴서 잇거나 종이 상자를 겹겹으로 덮었다. 1979년에 송파구 석촌동 일대에도 움집이 있었다면 믿지 않을 것이다. 살림집이 아닌 마을사랑으로 '깊은 움'이라 불렀다. 안쪽의 '상청(上廳)'은 노인, 가운데의 '중청(中廳)'은 장년, 입구 쪽의 '하청(下廳)'은 젊은이의 차지였다. 이들은 긴 겨울밤을 짚신을 틀거나 옛 이야기의 꽃을 피우며 넘겼으며, 관리자인 '영원님'의 말은 누구도 거스르지 못하였다.

함경도

방을 두 줄로 배치하는 함경도의 田자꼴 겹집은 길고도 긴 혹독한 추위와 빽빽하게 들어찬 스무 개에 가까운 이천 미터 이상의 준령들이 낳은 환경의 산물이다. 방들이 벽을 함께 지닌 덕분에 온기가 그만큼 오래 머문다. 또 쇠오양(외양간)을 몸채 안에 두어서 집짐승이 추위를 덜고 아낙네는 집안에서 곡식을 찧거나 빻을 수 있다.(실제로 겨울철에는 눈이 깊이 쌓여서 사람이고 집짐승이고 여간해서는 바깥으로 드나들지 못한다)

겹집에 관한 기록은 홍의영(洪儀泳, 1750-1815)의 『북관기사(北關紀事)』 「풍토민속」의 다음 대목 하나뿐이다. "북관의 집은 모두 겹집이다. 크면 열 칸, 작으면 여덟 칸이며 오른쪽 네 칸은 모두 구들이다. 가운데에 벽을 쳐서 방 네 개를 들인 것이 田자를 닮았다. (중략) 부엌에 이은 너른 공간은 대여섯 명이 앉을 수 있다. 부엌 남쪽에 울을 치고 개와 돼지를 먹이고 그 남쪽 칸에서 소와 말을 기른다. 한쪽에 디딜방앗간이 있으며 그 위를 다락으로 꾸미고 여러 가지 기구를 둔다."

"부엌 남쪽에… 그 남쪽 칸에서 소와 말을 기른다"는 부분은 몸채에서 외양간이 떨어져 나온 사실을 알려준다. 따라서 이 글의 겹집은 함경남도의 평야지대 가까운 데 있었던 변형으로 보인다. 함경북도에서는 20세기 초까지도 외양간이 몸채에 딸려 있었기 때문이다.

함경도 겹집이 지닌 특징의 하나인 '정주간'이라는 이름은 시베리아 오로촌족의 말일 가능성이 높다. 천막 입구의 오른쪽, 곧 화덕 옆과 조리구가 놓인 여성의 자리를 '정지뒤'라고 부르기 때문이다. 한편, '정지' 또는 '정주'가 경상도를 비롯한 강원·전라·충북 일대의 사투리인 점에서 조선 초 경상도 이주민이 옮아가면서 생겼을 가능성도 생각할 수 있지만, 겹집의 본고장이 함경도이므로 거꾸로 겹집이 남쪽으로 내려오면서 퍼진 것으로 보는 것이 옳다. 또 시베리아 전 면적의 약 70퍼센트 지역에서 사는 퉁구스족(현재의 에벵키족)이 천막 안쪽의 주인 자리를 '말루'라 부르는

점도 기억할 일이다.

우리도 옛적에 관청을 마루라고 불렀으며, 신라 제17대 내물왕(奈勿王)에서부터 제22대 지증왕(智證王)에게 붙인 마립간(麻立干)이라는 칭호도 마루에서 왔다. 지금도 산마루나 지붕마루처럼 높은 곳을 마루에 견준다. 실제로 '마루'는 우랄산맥 동쪽의 북방 퉁구스족의 공통어이기도 하다. 따라서 정지와 마루가 함께 들어온 것으로 보인다. 한편, 평안도나 황해도의 '부엌'이 함경도에서 '정지'로 굳은 것은 의문이다.

사진 1은 중국 길림성 연변 조선족자치주 용정시 장재촌의 이동규 집이다.(1996) 짚으로 덮은 몸채는 백이십여 년 전의 본디 모습 그대로이다. 출입구인 바당 왼쪽에 정주간과 방이, 오른쪽에 뿌시간(부엌)과 1994년에 지어 붙인 쇠오양과 헛간이 있다.(평면도에는 이 부분이 빠졌다) 마당의 대부분은 텃밭으로 쓰며, 남쪽에 돼지굴(돼지우리)과 뒷간을 두었다. 식구가 적어서 안방과 샛방 및 고방과 웃방 사이의 벽을 없앴다.(평면도 1, 『장재촌』)

부엌의 사투리 '뿌시간'은 '뿌수깨'(함경북도 경원 및 경성) 또는 '부스깬'이라고 한다. 부엌이라고 해도 가마목이 따로 있으므로 바당을 제외한 나머지 땅바닥을 가리키는 셈이다. 널쪽을 깔아서 음식을 차리고 설거지도 하지만(사진 7) 불을 땔 때는 널쪽을 들어내고 아래로 들어가서 쭈그려 앉는다.(p.32의 사진 14 참조) 깊이는 1미터쯤이다. 중상류 가옥에서는 바당을 입구로 삼지만, 이 집에서는 뿌시간 한쪽이 바당이다. 이를 북부에서는 '한문', 남부에서는 '청문(廳門)'이라 한다.

정주간과 뿌시간 사이의 솥 건 데가 가마목이다.(사진 8) 솥이 걸린 부뚜막이라는 뜻이다. 왼쪽부터 밥가메, 한판가메, 쩸비가메가 있다. 가운데의 한판가메는 솥이 아니라 쟁개비판(냄비)으로 채소 따위를 익히며, 쩸비가메에는 국을 끓인다.

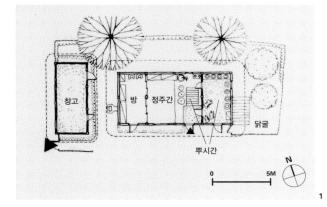

창고

방   정주간

닭굴

뿌시간

0   5M

N

1

4

정주간은 중부지역의 마루와 같은 구실을 한다.(**사진 4**) 이
곳에서 혼인식을 치르고 제사를 받들며 손님도 맞는다. 식
구들이 모여 앉아 식사를 하는 외에, 밤에는 안노인과 어
린이들이 잠도 잔다. 아궁이의 불길이 가장 가깝기 때문이
다. 정주간은 살림권의 상징이기도 하다. 나이 든 시어머니
가 움직이기 어려우면 며느리에게 살림권을 넘겨준 뒤 고
방으로 물러나고, 장년기의 아들 내외가 이곳으로 나온다.
회갑 무렵에 이르러 노동력을 잃은 아버지도(이를 '아바이
질'이라 한다) 재산권을 아들에게 물려준다.

옛적에는 둘째 아들이 짝을 얻으면 디딜방앗간에 구들을
들이고 살다가 이삼 년 동안 목재를 모은 뒤 집을 짓고 따
로 났다. 겨울 동안 온 식구가 나서서 산에서 나무를 거두
어 두었다가 이듬해 김매는 철에 짓는다. 오늘날에는 편하
다는 이유로 아버지와 아들 세대가 따로 살지만, 노부모가
움직이지 못하면 아들이 "자, 이전 우리 같이 들어오겠습
니다" 하고 부모에게 와서 함께 지낸다.

젊은 부부나 아이들이 잠잘 때는 방문을 닫아서 정주간 사
이를 막지만 낮에는 열어 둔다. 방 북쪽에 놓은 장(欌)들은
장식품 구실도 한다.(**사진 5**)

사진 6은 쇠오양(오른쪽)과 헛간이다. 본디 쇠오양과 뿌시간은 터졌고 그 사이에 구유를 놓았다가 뒤에 벽을 치고 입구를 따로 붙였다. 쇠죽을 끓이는 대신 사료를 먹이는 덕분이다. 이로써 냄새가 나지 않는 따위의 위생 조건이 좋아졌다. 그러나 오늘날에는 이곳에 장독을 비롯한 부엌세간을 둔다. 장독대가 따로 없는 이유 중 하나이다. 워낙 추운 고장이라 겨울에 눈이 내리면 오가기 어려운 데다가 터질 염려도 적지 않은 까닭이다. 또 곡물도 기계로 찧거나 빻으므로 방앗간을 헛간으로 꾸몄다. 사랑방처럼 쓰려고 바닥을 깔고 의자까지 들여놓았으나 따로 모실 만한 손님이 아주

드문 데다가 창고도 필요해서이다.

창고에는 농기구를 비롯한 잡동사니를 둔다.(사진 2)

길가에 면한 대문에는 턱을 붙여서 집짐승이 함부로 드나드는 것을 막는다.(사진 3) 고무줄을 잡아매어 사람이 들고 날 때마다 저절로 여닫히게 한 것도 마찬가지이다. 밖의 길보다 마당이 낮아서 드나들기 불편하지만, 집짐승을 가두기에는 안성맞춤이다. 고무줄 외에 용수철을 장치한 집도 여럿이다.

사진 9는 중국 길림성 연변 조선족자치주 용정시 장재촌의 전기호 집이다.(1996) 건평 백여 평으로, 1990년대에 일만 사천 원(元)을 들여 지었다. 지붕에 기와를 얹어 팔작 형식으로 꾸몄으며 지붕마루 끝을 조금 들어 올렸다. 한 달 동안 일꾼 일곱 명에게 1평방미터에 이십삼 원씩 쳐서 이천삼백 원을 주었다. 구들은 마을 사람 대여섯의 도움을 받아 놓았으며 그들에게 술과 채(채소)를 대접하였다. 이사 때 전 씨는 가메를 들고 들어와서 두부를 해 먹었다. 가메는 쌀이 많이 생겨서 부자가 되고, 두부는 끓은 콩이 단단해지듯이 가족의 화목을 다진다는 뜻이다.

몸채는 예대로 뿌시간에 이어 가마목·정주간·웃방·고방 따위를 이어 붙였다. 다른 점은 바당 옆을 사랑방으로 꾸미고 뒤에 네 칸의 창고를 붙인 것뿐이다.(평면도 2)

사진 10은 귀틀로 짠 돼지굴이다. 이같은 귀틀형식이 남은 것은 아주 드문 일이다.

전 씨 아내가 뿌시간 위에 깔았던 널쪽을 걷어내고 들어가 불을 땐다.(사진 14) 워낙 좁아서 땔감을 이 안에 쌓지 못하고 따로 날라야 하는 것이 흠이다. 불을 자주 지피지 않는 계절이라 한판가메를 북쪽 끝으로 옮겼다. 가마목 뒤가 뿌시간이다.(사진 13)

정주간에 밥상을 차려 놓은 전 씨 아내가 가마목 한쪽에서 그릇을 씻는다.(사진 11) 왼쪽으로 자동펌프 꼭지가 보인다. 옛적에는 가마목 한쪽에 네모 또는 둥글넓적하게 진흙으로 쌓은 등디에 광솔불(관솔불)을 피워서 집안을 밝혔다.

전 씨는 1992년에 수동펌프(깊이 7미터)를 놓았다가, 1996년에 육백 원을 들여 자동펌프로 바꾸었다.(사진 12) 그동안은 장재촌 주위에 상수도로 쓸 만한 저수지가 없고 수질도 좋지 않아 우물물을 먹었다. 마을(1993년에 인구 사백여섯 명에 호수 백십이 호)에 공동 우물 이십여 개가 있었으며 열 집에서 한 개꼴로 관리하였다. 이들 가운데 샘과 용두레우물이 한 개씩이고 나머지는 모두 두레박우물이다. 물둥기는 본디 쇠를 부어 만들었지만, 1942년 무렵 일제가 쇠붙이라는 쇠붙이는 모두 강제 공출하는 바람에 옹기로 바뀌었다.

안방과 샛방을 트고 이름도 웃방으로 바꾸었다.(사진 15) 셋째 아들(중학생)의 방으로, 재봉틀·텔레비전·책상·침대 따위가 놓였다. 침대는 아들의 성화에 못 이겨 철물을 사다가 마을 야장간(대장간)에서 만들었다. 침대는 집집마다 갖추었으며, 신혼부부에게 쌍침대(더블 베드)는 필수품이다. 그러나 겨울철에는 불길이 미치지 않는 탓에 정주간에서 전 씨 내외와 함께 자며, 침대는 뜯어서 창고에 둔다. 창과 벽에 붙인 수영복 차림의 여성 사진은 마을 어느 집에서나 눈에 띈다.

앞마당 동쪽의 돼지굴과 닭굴은 널쪽을 촘촘히 붙여 벽으로 삼고 한쪽에 지붕을 달아서 비가 내리거나 할 때 집짐승이 피해 들어간다.(사진 16) 닭굴과 돼지굴을 똑같이 지은 것도 이채롭다.

사진 17은 옥시다락이다. 옥시는 옥수수의 사투리이고, 다락은 다락곳간의 준말이다. 이것은 다락이 아닌 단층이지만 예대로 부른다. 1970년대에 들어 쌀 생산이 늘어나 옥수수를 사람 대신 집짐승이 먹으면서 다락곳간도 점점 자취를 감추었다. 옥수수가 없어지는 봄이 되면 헐었다가 가을에 다시 세우는 집이 많다. 사진 18은 이 마을의 다른 집에서 새로 지은 옥시다락에 옥시를 갈무리하는 모습이다. 이를 '옥시덕'이라고도 부른다.

9

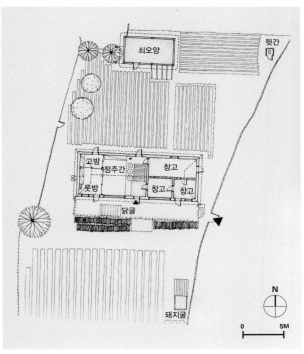

10

2

11

12

13

14

15

16

17

18

19

사진 20은 중국 길림성 연변 조선족자치주 용정시 장재촌의 이종순 집이다.(1996) 1890년쯤 지은 가장 오래된 상류 가옥이다. 지붕은 모임지붕 형식이며 한식 기와를 덮었다. 정주간 서쪽에 안방·아랫방·고방·웃방이 이어 달린 여덟 칸 건물이다.(**평면도 3**) 명동학교(明東學校) 교장의 집을 1947년에 십오만 원(元)에 샀다. 몸채 옆에 있던 여섯 칸 사랑은 이 씨가 자신의 장가 비용을 대려고 뜯어 팔았다. 그는 본디 앞의 이동규의 집에서 살았다. 시어머니 생존 때는 며느리가 살림을 주장하더라도 아이들과 아랫방에서 지냈다. **사진 21**은 몸채의 뒷모습이다.

지붕마루의 여러 가지 도깨비기와도 볼거리이다.(**사진 22**) 두 눈이 양쪽으로 찢어지고 턱이 뾰족한 형상이 있는가 하면, 수키와 복판에 점을 하나 박은 추상형도 있다. 또 돌을 새김을 한, 머리 하나에 몸이 셋인 구렁이꼴 수막새도 눈에 띈다. 중국의 문화혁명 시절, 이 구렁이가 태극기를 연상시킨다며 떼라는 지시를 받았었다.

사진 19는 정주간에서 본 웃방(왼쪽)과 고방이다. 이처럼 난방을 위해 문을 달지 않거나 문이 있어도 닫지 않는다.

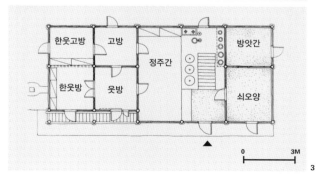

| 한웃고방 | 고방 | | | 방앗간 |
| 한웃방 | 웃방 | 정주간 | | 쇠오양 |

0   3M

사진 25의 앞쪽 일부가 바당이고 뿌시간 아래에 땔감을 갈 무리하였다. 건너 쪽으로 자동펌프와 물둥기가 보인다. 가마목에 나란히 걸린 솥들은 모두 붙박이이다.

앞에서 든 대로 정주간은 생활의 중심 공간일 뿐 아니라 손님도 대접하는 까닭에 주부들은 치장을 위해 갖은 정성을 다 쏟는다. 북벽에 걸어 놓은 시렁에 자주 쓰지 않는 그릇을 짝을 맞추어 포개 놓은 것도 이 때문이다. 따라서 살림 형편은 물론이고 살림살이 솜씨까지 한눈에 환히 드러난다. 고장 난 라디오를 그대로 두고, 찬장 유리에 여러 가지 채색 그림을 베풀고, 시렁을 조왕덕대, 이곳을 조왕간이라 부르는 것도 마찬가지이다.(사진 24) 정주간 문을 함경도 북부지역에서 '되창문'이라 부르는 것으로 미루어, 채광 및 보온을 위한 창만 있었던 것으로 생각된다.

가마목 뒤에 1986년에 마련한 프로판가스통과 가스대가 있으나 손님 접대에나 쓰므로 한 통이면 서너 달 간다. 세탁기와 얼음곽(냉장고)도 있다. 세탁기는 구 년 전 오백 원(元)에, 얼음곽은 삼 년 전 일천육백 원(元)에 들여놓았다. 이 마을을 통틀어 세탁기는 서너 집에서 쓰지만, 얼음곽은 이 씨와 그의 사위 집에만 있다.

양쪽의 마룻대를 받기 위해 굵고 튼튼한 들보를 놓았다. 이에 견주면 마룻대는 엿가락처럼 가는 셈이다. 겹집인지라 서까래도 나누어 걸었다.(사진 26)

초가로 지은 별채에 옥시다락과 헛간을 함께 두었다.(사진 23)

사진 27은 나락뒤주이다. 널쪽으로 맞추어 짠 것으로, 세로 널을 가로 널에 꿰고 그 끝에 쐐기를 쳐서 붙박았다. 나락을 꺼낼 때는 오른쪽 아래에 끼워 넣은 작은 널판을 뺀다. 강원도 산간지대에서는 지금도 쓴다.

23

24

25

26

27

사진 29는 중국 길림성 연변 조선족자치주 연길시 용정현 해란촌의 박철운 집이다.(1996) 1988년에 지은 이 집을 1991년에 오천 원(元)에 샀다. 벽돌기와집으로 지붕은 팔작지붕이다. 채광과 보온을 위해 전면(남쪽)의 공간마다 유리창을 붙였으나(사진 29, 30), 뒤쪽에는 문 한 짝에 창 두 개만 달았다.(평면도 4)

이 집의 특징은 주거공간인 정주간과 갈무리공간인 창고 사이에 복도(너비 130센티미터)를 놓아서 나눈 점이다.(사진 32) 이로써 사람이 드나들 때마다 정주간으로 찬바람이 몰려들지 않아 난방이 한결 유리해졌다. 또 정주간과 창고가 나누어져서 각기 독립성을 지니게 되고 집 안이 한결 정돈된 느낌을 주는 것도 장점이다.

정주간과 방의 남쪽을 마루(너비 110센티미터)로 꾸민 점도 돋보인다.(사진 33) 이것은 겨울 추위를 덜고 여름 더위를 식히는 데 큰 도움을 준다. 1985년 이후에 지은 집들은 모두 이를 따랐다.

복도만큼의 넓이가 줄어든 탓에 부득이 가마목을 정주간 측면에 붙였다.(사진 31) 이로써 많은 손님을 치르기 어렵고 땔감도 복도로 조금씩 들여오는 불편이 생겼다. 박 씨는 가마목을 옛 자리로 옮기고 싶지만 비용 때문에 망설이고 있다.

보통 주인은 바당에서 불을 때고 아내는 정주간에서 조리를 한다.(사진 35)

창고를 정주간 옆에 붙인 덕분에 쌀과 된장, 조미료 독을 비롯한 여러 가지 부엌세간을 두게 되어 주부의 동선이 훨씬 짧아졌다.(사진 34)

정주간과 방 사이에 문을 달지 않았으며, 윗목에 경대가 달린 이불장을 놓았다.(사진 36)

사진 28은 돼지굴이다.

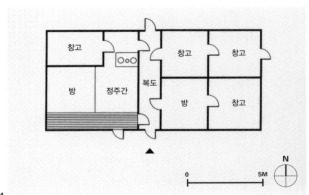

4

28

29

30

31

32

33

34

35

36

37
38
39

사진 37의 '구새'는 굴뚝의 함경도 사투리이다. 오십 년쯤 된 피나무 속이 저절로 썩어서 구멍이 뚫린 것을 이르지만, 굴뚝으로 쓴 까닭에 굴뚝 이름으로 굳었다. 뿌리 쪽이 저절로 썩기 시작할 무렵, 베어서 집으로 옮겨다가 검불 따위를 놓고 기름을 조금 부어 불을 붙여 가면서 덤불 따위를 안으로 쑤셔 넣는다. 마른 것은 보름이면 양쪽 마구리가 뚫리지만 젖은 것은 한 달쯤 걸린다. 수명은 백 년 이상이다. 강원도 산간지대에서도 썼다.

나무 구새를 얻기 어려운 곳에서는 널로 짠 구새로 대신한다.(사진 38) 널은 두께 1센티미터에 한쪽 너비 30센티미터쯤이다. 바람이 전혀 통하지 않는 나무 구새와 달리 틈 사이로 바람이 들어가서 연기가 사방으로 흩어지는 것이 흠이다. 널쪽을 단단히 조이려고 50센티미터 간격으로 막대를 대고 못을 쳐서 붙박았다. 강원도에도 흔하다.(p.94의 사진 109 참조)

널 길이로 장대를 덧대고 철사를 둘러 감은(사진 39) 외에, 연기를 더 잘 빼려고 구새 위에 널을 덧박았다.(사진 42) 전봇대처럼 시멘트를 부어 만든 것은 값이 백오십 원(元)이며 수명은 반영구적이다.(사진 43) 요즘 집을 새로 지을 때 쌓는 벽돌 굴뚝은 안에 습기가 차면 연기가 잘 빠지지 않는 단점이 있다.

40
41

42

43

44

사진 40은 끝을 비스듬히 깎아낸 쪽널을 두 개씩 붙여 세운 문이다. 맞배꼴 지붕을 얹기는 했지만 워낙 작고 좁아서 비바람을 피하기 어렵다. 지붕에 덮은 콜타르를 입힌 종이가 바람에 날려 떨어졌다. **사진 44**는 네 쪽의 유리가 달린 집안의 문짝을 떼다가 대문으로 삼은 것으로, 문이라기보다는 경계 표지에 지나지 않는다. 왼쪽으로 옥시다락이 보인다. **사진 45**는 양쪽에 세운 기둥에 의지해서 울거미를 짜 붙인 널문이다. 울거미에 견주어 너비가 좁은 것은, 사람만 드나들고 마소나 수레 따위는 다른 문을 이용하는 까닭이다. 맞배꼴 지붕에 아무것도 덮지 않고 벌거벗긴 채 두었다.

사진 41에서는 문보다 양쪽 기둥 위에 가로지른 막대를 주목할 필요가 있다. 문을 여닫을 때 흔들리는 것을 막아 주지만 일본의 도리이(鳥居)를 연상시키는 까닭이다. 이러한 형태의 문은 요령성 집안시 일대에도 분포하며, 개인 집뿐 아니라 마을 입구에 세우기도 한다.

사진 46은 집짐승의 문(왼쪽)과 사람의 출입문을 나란히 붙인 것이다. 사람의 것은 여섯 개의 동굴이나무를 듬성듬성 가로 걸었지만, 집짐승의 것은 널을 촘촘히 세우고 가로대를 대어 튼튼하게 짰다. 이로써 돼지는 물론 닭이나 병아리가 함부로 나다니지 못한다.

45

46

47

48

49

사진 47은 뒷간이다. 쪽널로 벽을 치고 앞은 터놓았으며 천장도 뻥 뚫렸다. 천장 높이에 견주어 바닥이 너무 좁아서 몸을 돌려 주머니의 뒤지를 꺼내기도 어렵다. "너르고 너른 땅에 살면서 뒷간은 왜 이렇게 좁게 짓느냐?" 묻자, "그래도 아무 불편이 없다"는 답이 돌아왔다.

아랫도리를 터놓아서 겨울철에는 개나 돼지가 똥을 먹는다.(**사진 48**) 돼지가 기생충을 옮기는 바람에 정부가 1970년대부터 집짐승이 드나드는 것을 막고 거름으로만 쓰게 하였다.

새 집에서는 뒷간을 벽돌로 지었다.(**사진 49**)

사진 53은 쥐가 닭을 해치는 일이 잦아서 닭굴을 건물 안 벽

위에 달아 놓았다. 문이 워낙 좁아서 겨우 한 마리씩 드나드는 것도 그렇지만, 걸쳐 놓은 통로 또한 볼거리이다.(**사진 54**) 좁은 통나무에 턱을 촘촘히 붙이거나, 맨 나무에 새끼를 둘러서 발판으로 삼은 것이다. 이곳에서 태어나 자라지 않고는 아무리 닭이라도 드나들지 못할 듯하다. 저녁 때 사람이 몰아서 굴 안으로 들여보낸 뒤 다른 곳으로 옮긴다.

사진 51은 두 개의 통나무를 열한 개의 가로 막대로 붙박고 이를 받침으로 삼았다. 닭에게 여간 다행스런 일이 아니다.

사진 52는 벽돌로 지으면서 통로는 그대로 두었다.

알을 품은 암탉은 사람이 다가가도 목을 꼬아 박은 채 꼼짝도 않는다.(**사진 50**)

51

52

50

53

54

55

56

57

사진 58은 발기(발구) 앞채로, 두 개의 긴 나무를 나란히 놓고 앞뒤 두 곳에 도매(세장)를 박아서 붙박은 틀이다. 눈이 쌓인 겨울철에 수레 대신 땔나무 따위를 나른다. 문화혁명 뒤인 1976년부터 정부는 산림 보호를 위해 식구 수대로 산의 화목지(火木地)를 나누어 주고 그곳의 나무만 베게 하였다. 이에 따라 식구 다섯인 전기호 씨는 30구상(口尙)을 받았다.(1구상은 사방 100미터이다) 나무가 자라는 정도에 따라 여러 구역으로 나누어 베므로, 만성적인 땔감 부족 상태에서 벗어난 것은 물론 국가의 산림자원도 늘어났다. 화목지가 3킬로미터 떨어진 곳에 있는 전 씨는 양력 설에서 음력 설 사이의 이십여 일간, 한 해 쓸 나무를 한꺼번에 거두어 발기로 나른다. 지름 7-8센티미터의 참나무로 짠 발기 한 채에 실으면 보름쯤 때며, 한 해 스무 발기가 든다. 눈이 깊이 쌓이면 앞뒤채를 이어서 끈다.(사진 60) 강원도 산간지대에서도 사냥감이나 땔감을 실어 날랐다. 농사철

에는 거름도 광주리에 담아 논밭으로 나른다.(사진 59) 집 뒤의 산에 난 희끄무레한 흰 선이 발구길이다.(사진 61)

소 굽에 댄 편자에 징 박는 것을 '쇠 철 입힌다'고 이른다.(사진 56) 한 해에 황소는 세 번, 암소는 두 번이다. 징이 없으면 겨울에 미끄러져서 상처를 입기 쉽다. 황소는 논갈이 및 후치질 전과 가을의 나무 거두기 전에 기술자에게 맡긴다. 비용은 한 번에 이십 원(元)이다. 길림성 일대의 땅은 산성이 강해서 편자를 대지 않으면 발굽이 쉬 닳으므로 걷기 어렵다.

놀란 소가 행여 뒷발질이라도 하면 큰일이라, 네 다리를 엇갈리게 꽁꽁 묶은 뒤 끈으로 틀 기둥에 잡아맸다.(사진 55) 힘 센 황소는 묶은 다리 사이에 주릿대를 끼우기도 한다. 사진 57은 발굽에 박은 편자와 징이다. 굽을 깎고 다듬은 뒤 대갈마치로 두드려 박으면 좀체 빠지지 않는다.

46

58

59

60

61

사진 63은 중국 길림성 연변 조선족자치주 용정시 삼합진(三合鎭) 북흥촌(北興村)의 양기현 집이다.(1992) 전면 다섯 칸, 측면 두 칸에 번듯한 팔작지붕을 지닌 한옥이다. 규모도 크거니와 맵시 또한 뛰어난 점에서 이만한 격식과 품위를 지닌 집을 만나기 어려울 것이다. 부농 문명준이 1935년에 지었는데, 백두산에서 벤 목재(낙엽송)를 떼를 지어 두만강으로 날랐다. 기와는 조선에서 들여왔으며 지금도 그대로 있다. 사진 63은 앞, 사진 64는 뒤, 사진 66은 옆과 뒤의 모습이다.

양기현 씨(1995년에 63세)는 1961년에 이 집을 육백 원(元)에 샀다. 혼인한 아들딸들과 함께 살던 그는 교사인 사위 내외가 1968년에 용신향으로 떠나자 인민공사(人民公社)에 사백팔십 원에 넘겼다. 공사에서 이 년 동안 식당으로 쓰다가 빈 집으로 두자, 양기현 씨는 고향으로 돌아가려던 마음을 바꾸고 집 판 돈 삼백 원만 물고 사들이고 이듬해 남은 돈을 갚았다. 본디 삼 리 떨어진 곳에 살던 어머니가 집 지을 때 인부로 일한 한을 풀어드리기 위해서였다고 한다. 모친은 팔 년 동안 살다가 1968년에 세상을 떴다.

사진 65는 대문으로, 보기 드물게 높고 우람하다. 사진 62는 외양간으로, 왼쪽이 광이고 가운데가 작두를 갖춘 짚새간(여물간)이며, 오른쪽 끝이 디딜방앗간이다. 다음은 디딜방아 상량문(上樑文)이다.

"경진년(庚辰年) 경진월(庚辰月) 경진일(庚辰日) 경진시(庚辰時) 이태백 하마처(李太白下馬處) 강태공조작(姜太公造作) 입주(立柱) / 목수(木手) / 가주(家主)"

방아동티를 막기 위한 주문(呪文)이라 실제로 존재하지 않는 '경진 연월일'의 간지를 썼다. 강태공은 그렇거니와 당나라 시인 이태백(701-762)은 뜻밖이다. 그가 말에서 내렸다는 것도 마찬가지이다.

62

63

64

65

66

67

68

69

사진 71은 몸채 한쪽의 장방(고방)이고, 사진 72는 안방 벽에 걸어 놓은 가족사진들이다. 지금의 우리 농촌도 마찬가지이다. 거북이꼴의 문살에는 화재 예방과 장수를 바라는 뜻이 들어 있다.

사진 67은 정주간, 사진 68은 정주간의 천장이며, 사진 70은 정주간의 가마목이다. 펌프는 처음부터 박혀 있었으며, 뿌시간(부엌) 위의 널은 1970년대에 깔았다. 가메(솥)는 본디 옆가메(밥가베)와 채녘가메(쩸비가메, 옆의 솥) 둘뿐이었으나, 1962년에 둘 사이에 가운데 가메를 하나 더 걸고 밥을 짓는다. 개죽을 끓이던 채녘가메에 지금은 세숫물을 데운다. 겨울에는 가족 여섯이 모두 정주간에서 지낸다. 정주간에서 볼 때 오른쪽이 웃방, 왼쪽이 안방이며, 이 뒤가 장방, 웃방 뒤는 한웃방이다. 부모는 웃방에서, 아들 내외는 안방에서 지낸다. 사진 69는 침대가 놓인 안방의 모습이다.

70

71

72

73

사진 73은 중국 길림성 연변 조선족자치주 용정시 장재촌의 김흥식 집이다.(1996) 1968년에 지은 집으로, 좌우를 튼 방과 정주간, 그리고 바당을 비롯해서 쇠오양과 창고를 갖추었다. 예대로 쇠오양을 몸채에 둔 집은 매우 드물다. 몸채 뒤에 창고와 뒷간이 있다.

지붕은 품앗이로 잇는다. 여덟 칸짜리 큰 집은 이천 단(한 단의 굵기는 한 뼘이다)의 짚이 들며 모자라면 사야 한다. 지난 해(1995) 한 단에 오륙 전(錢)이던 것이 일 년 만에 십전으로 올랐다. 노인들은 젊은이들에게 부탁하고 점심과 술을 낸다. 이 마을에는 저마다 논이 있어서 지붕을 덮을 만큼의 짚이 나온다.

사진 74는 같은 마을의 엄진관 집이다. 1965년에 지었다. 몸채는 벽을 튼 방 두 개와 정지간, 그리고 바당으로 이루어졌다. 바당 옆에 창고나 쇠오양을 두지 않았다.

사진 75는 몸채 옆에 마련한 소외양이다. 옛적에는 몸채 안에서 먹이다가 여름철에만 이곳에 풀었다.

74

75

76

77

사진 76은 장재촌의 김팔남 집으로, 1916년에 지었다.
(1996) 팔작지붕도 그렇지만 이처럼 전면에 쪽퇴를 놓은
일은 매우 드물다.

사진 77은 이 집 자녀의 침실로 침대가 보인다. 정지간에서
요와 이불을 쓰고 지내는 부모 세대와 다르다.

사진 78은 장재촌의 임성원 집이다.(1996) 건립연대는
1910년이다. 몸채 가운데 방 두 개의 벽을 터놓은 점 외에
는 옛 모습 그대로이다. 쇠오양과 디딜방앗간도 마찬가지
이다. 널구새를 마당에 세운 것도 돋보인다.

사진 80은 주부가 정주간을 향하여 바당에 앉아 있는 모습
이고, 사진 79는 널을 들어낸 뿌시간이다.

78

79

80

강원도

사진 1은 삼척시 도계읍 신리의 귀틀집이다.(1967) 귀틀집은 통나무를 '우물 정(井)'자꼴로 쌓아 올리고 그 사이를 진흙으로 메워서 벽체로 삼은 집이다. 평면이 긴네모꼴인 데서 '말집' '방틀집' '틀집' '틀목집'이라 하며, 울릉도에서는 '투막집' 또는 '목채집'이라 이른다. 나무 길이에 한계가 있어서 흔히 방 두 칸만 귀틀로 꾸민다. 이처럼 부엌과 외양간을 몸채에 이어 붙인 집이 화통집이다.(p.139의 **사진 25** 참조) 가장 굵은 나무는 지름 23센티미터, 가는 것은 12.5센티미터, 벽체 높이는 190센티미터이다. 동서 길이(뒷간 포함)는 11.9미터이다.

사진 4는 벽과 지붕이다. 『삼국지(三國志)』의 "통나무를 귀틀로 엮어 지은 탓에 감옥을 닮았다"는 기사 그대로이다.〔「위서(魏書)」 '동이전(東夷傳)', 변진조(弁辰條)〕 지붕을 너와로 덮은 까닭에 '너와집'이라고도 한다. 오른쪽 아래에 지름 40센티미터의 나무를 반으로 켜고 속을 파내 맞붙인 구새굴뚝이 보인다.(p.42의 **사진 37** 참조)

사진 3의 오른쪽이 뒷간이다. 그 왼쪽 외양간의 앞 벽을 빈지로 꾸며서 소가 드나들 때마다 떼거나 붙인다. 구유는 정지 맞은쪽에 걸었다.

당시에는 청량리에서 아홉시 야간열차를 타고 새벽 여섯시 도계역에서 내려 산골길을 다섯 시간 걸어야 했다. 첩첩산골의 귀틀집 방 두 칸에서 주인 내외와 다섯 자녀들이 지내는 형편이므로 살림이라고 할 것이 없다. 그러나 이들의 얼굴에는 가난을 아예 모르거나, 가난을 가난이라고 여기지 않는 자랑으로 차 있다. 두 손을 허리에 얹은 왼쪽의 장남은 오히려 자신에 차 있지 않은가.**(사진 2)**

1

2

3

4

5

정지(부엌)에 딸린 방이 아랫방, 이어 달린 방이 웃방이다.(사진 5) 자녀들(삼남이녀)은 아랫방에서, 주인 내외는 웃방에서 지낸다. 북벽 아래쪽에 실광(살강)을 걸고 농·이부자리·옷상자 따위를 얹었다. 천장에 이듬해 뿌릴 조와 옥수수 다발을 줄줄이 달아맨 것이 보인다. 이렇게 두면 바짝 말라서 벌레가 꾀지 않는다. 사진 9는 웃방과 아랫방 사이의 벽이다. 벽에 바른 흙이 떨어져서 통나무가 드러났다. 두 방 사이에 문이 달렸지만 통로로 쓸 뿐 여닫지는 않는다. 방바닥에도 떨어낸 옥수수 알갱이를 흩어놓고 말린다. 귀틀집도 나이를 먹으면 한쪽으로 씰그러진다. 사진 10에서는 정지와 아랫방 사이의 문이 오른쪽(북쪽)으로 기울어진 것이 뚜렷하다. 사진 11의 웃방에서 마당으로 드나드는 문(가로 67.2센티미터에 세로 105.4센티미터)도 마찬가지이다.

사진 6은 웃방 천장이다. 한쪽을 평평하게 다듬은 나무 일고여덟 개를 귀틀과 귀틀 사이에 나란히 걸고 넓쪽이나 잔나무를 촘촘히 깐 다음 진흙으로 메워서 천장을 꾸몄다. 들보에 '海水(해수)'라고 쓴 화재 예방 부적을 붙였다. 불이 나더라도 바닷물이 쏟아져서 곧 꺼 버린다는 뜻이다.

사진 7은 구름노존이다. 얇게 저민 참나무를 두드려 펴서 마름모꼴로 엮은 깔개로, 강원도 북부를 비롯한 함경도 산간지대가 본고장이다. 이에 견주어 대쪽으로 엮은 대삿자리는 남쪽의 대나무 고장에서 많이 쓴다. 구름노존은 시간이 지남에 따라 매끄럽고 반들거리는 특징을 지녔다.

사진 8은 디딜방아이다. 강원도 산간지대에서는 흔히 방앗간을 따로 짓지 않고 마당에 걸어 놓고 쓴다.(사진 12, 13 참조)

6

7

8

9

10

11

사진 14는 경기도 남양주시 수동면 외방리의 귀틀집이다.(1981) 축령산(祝靈山) 서쪽 기슭의 외딴 집으로, 벽 밖에 긴 외기둥을 세우고 지붕틀을 받쳤다. 천장과 지붕 사이의 고미다락에 농기구 따위를 얹어 둔다. 눈곱만 한 창틀을 비닐로 막았다.

사진 16, 17은 양양군 손양면 내현리의 귀틀집이다.(1994) 집 뒤 언덕의 전나무들은 겨울철 서북풍을 막는 방풍림 구실을 한다. 귀틀 지붕은 굴피로 덮었으며 왼쪽 끝으로 뒷간이 보인다. 사진 17의 왼쪽이 외양간이다. 정지를 안에 두는 함경도 겹집양식이 강원도로 내려오면서 바뀐 좋은 보기이다. 굴피가 바람에 뜨지 않도록 통나무를 가로 세로 얹었고

이만큼 떨어진 곳에 장독대를 마련했다. 문살은 이가 빠졌으며, 처마에 체를 매달았다.(사진 15) 섣달그믐 날 밤의 야광귀(夜光鬼)를 쫓기 위한 것인가. 굴뚝은 눈이 깊이 쌓이는 겨울철에 대비해서 날개를 두툼하게 두르고 새끼로 단단히 동였다.(사진 18)

사진 12, 13은 인제군 북면 용대리의 디딜방아이다.(1970) 백담산장(百潭山莊) 부근에 있던 디딜방아로, 통나무를 땅에 박고 그 위를 십자로 파서 볼씨 겸 쌀개로 삼는 슬기를 부렸다. 공이를 단단한 박달나무로 깎은 덕분에 쇠촉을 박지 않았다.

12

13

14

15

16

17

18

사진 19는 홍천군 내면 창촌리 문암골의 귀틀집이다. (2011) 온 나라를 통틀어 오직 한 채 남은 1800년대의 귀틀집이다. 주인 주시용 씨(83세)는 1960년 무렵에 인제군 기린면 방동리에서 처가가 있는 이곳으로 들어왔다. 본디 새를 덮었으나 1980년대에 함석으로 바꾸었다. 삼백 년이 넘었다는 산뽕나무 사이로 문암산(文岩山, 1146미터)이 보인다. 지금은 둘째 아들 주석현 씨(61세)가 노부모를 모시고 있다.

사진 21은 이 집 몸채 서쪽에 지은 귀틀 사랑채이다. 지름 5센티미터쯤의 잔 나무로 엮은 탓에 허술하기 짝이 없다. 주인의 큰아들이 쓰다가 홍천으로 떠나고 나서 창고 겸 헛간으로 쓴다. 장독대도 단출하다.(사진 20)

시멘트로 마감한 부뚜막(사진 23)은 높고 너르며, 가마솥 오른쪽으로 옹솥 두 개를 걸었다. 아궁이는 둘뿐이다. 부뚜막 건너편에 장작을 세로로 쌓아 더 잘 마르도록 했다.(사진 25) 사진에는 보이지 않지만 오른쪽 아래에 우리나라에서 제일 큰 구유가 있다. 땅바닥에 놓고 잡동사니를 잔뜩 쌓아 두었기에 보물이니 따로 잘 보관하라고 아들에게 몇 번이나 일렀는데 어찌 되었는지 알 수 없다. 부엌 벽 왼쪽으로 귀틀 구조가 드러나 보인다.(사진 22) 천장은 두 개의 통나무를 나란히 걸고 잔 나무쪽을 가로 얹어서 꾸몄다.(사진 26) 아궁이의 그을음이 올라 붙어서 번들거린다. 이래야만 벌레가 꾀지 않고 습기에도 강해서 수명이 오래간다. 처마 끝에 함석으로 가림 벽을 치고 통로 겸 수장공간으로 쓰는 데를 봉당이라 부른다.(사진 24) 울릉도의 우데기(p.134의 사진 16 참조)와 전라도의 까대기(p.289의 사진 15, 17 참조)가 이것이다. 울릉도에서는 집 주위에, 전라도에서는 집 뒤에 두지만, 이 집에서는 앞에 마련하였다.

사진 27은 안방과 웃방 사이의 벽에 붙박은 지게 작대기이다. 끝이 아귀져서 물건을 걸어 두기 십상이다. 쓰지 않은 지 오래지만 겨리쟁기 두 틀도 정성껏 모셔 놓았다.(사진 28)

사진 29는 안방 아랫목에 앉은 노부부이다. 다음은 이들과 나눈 대화이다. "이 추운 때 눈길을 헤치고 무엇 때문에 왔소?"(3월 중순임에도 눈이 그대로여서 차를 길가에 두고 한참을 걸어 올라갔다) "전국에서 하나뿐인 귀틀집을 보러 왔습니다." "아니야, 저 아래 내려가면 상기도 많아." 바깥세상을 전혀 모르는 것도 그렇거니와, 얼굴도 무릉도원(武陵桃源)의 구름 위에서 노니는 신선 그대로이다.

사진 30은 안방 방문과 댓돌이다. 문은 굵은 대오리로 얽었으며, 두 개의 댓돌 바닥은 거울처럼 반들거린다. 아랫돌 양옆의 살을 안으로 저며서 맵시를 부린 것이 눈에 띈다.

사진 31은 노부부가 쓰는 안방 윗목으로 이부자리와 옷가지들을 되는 대로 쌓아 놓았다. 낮은 탁자, 텔레비전, 쌀통 따위가 보인다. 사진 32는 웃방 아랫목이며, 오른쪽에 아랫방으로 드나드는 문이 있다. 벽에 겨울 옷가지를 걸었다.

사진 33은 몸채의 뒷모습으로, 귀틀 구조를 보이는 유일한 벽이다. 여러 개의 프로판가스통이 있다.

19

20

21

29

30

31

32

33

34

사진 34는 삼척시 도계읍 구사리의 너와집이다.(1967) 도계읍에서 신리로 들어가다가 만났다. 너와는 이백 년도 더 자란 적송(赤松) 토막을 도끼로 쪼갠 널쪽이다. 크기는 대중없지만, 가로 20-30센티미터, 세로 40-70센티미터에 두께는 5센티미터쯤이다. 강원도에서는 '느에' 또는 '능에'라 부르며, '널기와' 또는 '너새'라는 별명도 있다. 지붕은 용마루 쪽부터 끝을 조금씩 물리면서 덮어 내려오며 바람에 날리지 않도록 군데군데에 돌을 얹는다. 너와 일흔 장이 한 동으로, 한 칸에 한 동 반에서 두 동이 든다. 수명은 오 년이다. 서너 해가 지나면 햇볕을 받은 부분이 검게 변하면서 썩기 시작하므로, 안쪽 부분을 밖으로 끌어내고 바깥쪽을 안으로 밀어 넣는다.

구새굴뚝 옆에서 아버지는 옥수수 알갱이를 털고, 동생을 업은 딸은 사진 찍는 나그네를 무심히 올려본다. 양쪽에 붙인 쪽퇴가 눈에 들어온다.

사진 35, 36은 삼척시 도계읍 신리의 너와지붕이다.(1967) 마름질이 고르지 않아서 너와의 모양새가 뒤죽박죽인 데다가 덮은 모습도 들쭉날쭉하다. 용마루의 너와가 들뜨지 않도록 긴 널쪽을 대고 돌을 얹어서 지질러 두었다. 사진 37은 이 마을 너와집의 옆모습으로, 겨울 식량인 옥수수를 걸어 말린다. 통나무를 길이로 쪼개고 속을 파서 맞붙인 구새굴뚝을 가운데에 박았다.

사진 38은 평창군 대화면 대화리의 너와집이다.(1962) 바람에 날리지 않도록 냇돌을 너와만큼이나 촘촘히 얹었다. 이 무렵에는 서울에서 강릉까지 버스로 여덟 시간이 걸렸고(이 때문에 막차가 낮 열두시에 떠났다), 승객과 운전사는 대화에 내려서 점심으로 장국밥을 먹었다. 사진이 그 집이다. 얼굴은 물론 눈썹에까지 먼지가 뽀얗게 앉은 중년층이 중절모 테에 버스표를 꽂았던 기억이 새롭다.

35

36

37

38

39

40

사진 41은 삼척시 도계읍 신리의 김해명 집이다.(1967) 강원도 산간지대의 전형적인 겹집이다. 정주간이 없고, 디딜방앗간을 따로 두었으며, 방과 방 사이, 그리고 사랑 앞에 퇴를 붙인 점 따위가 함경도와 다르다.(평면도 1) 사진 41은 서남쪽에서, 사진 42는 동남쪽에서 본 모습이다. 사진 42의 왼쪽은 돼지우리이고, 사진 40은 안뒷간이다. 이 집처럼 뒷간을 반으로 나누어 위쪽을 안뒷간, 길가의 아래쪽을 바깥뒷간으로 쓰는 것은 산간지대에 좀체 없는 일이다. 사랑 위·아랫방은 주인이, 건넌방은 아들 내외가, 뒷방은 손자가 쓴다. 안방은 다른 곳의 도장(곳간)처럼 곡식 자루를 쌓아 둔다.

사진 39는 부뚜막의 화투이다. 쇠죽가마 왼쪽이 화투이다. 위에 등걸불을 담고 화덕 삼아 음식을 끓이거나 데우며 관

솔불을 지펴서 부엌도 밝힌다. 아래 구멍에 불씨를 묻어 둔다. 성냥이 귀한 옛적에는 새로 불을 일으키는 일이 여간 어렵지 않았다. 불씨를 가운(家運)에 견주어서, 꺼지면 집안이 망한다고 하여 며느리는 불씨 간수에 여간 신경을 쓰지 않았으며, 꺼뜨리면 쫓겨나는 것이 예사였다. 더구나 강원도 산간지대는 집들이 듬성듬성 떨어져 있어서 이웃에서 얻어 오기도 쉽지 않았거니와, 기꺼이 나누어 주지도 않았다.

어느 날 불씨를 얻어 오는 며느리를 본 시아버지가 친정으로 가라고 이르자, 어제 꾸어 준 것을 찾아왔다고 하여 위기를 넘겼다는 따위의 이야기는 흔하다. 불을 일굴 때는 재에 꼭꼭 묻었던 불씨를 부젓가락으로 들어내고 여러 겹의 가랑잎에 싸서 훅훅 불었다.

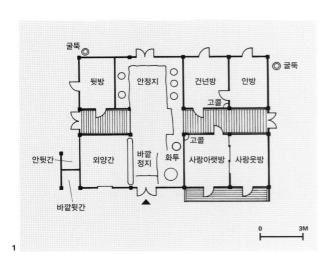

1

41

42

43

44

45

사진 47은 외양간과 뒷방 사이의 모습으로, 오른쪽이 주인 김해명 씨(당시 67세)이다. 그는 나를 만나자마자 당신네는 약속을 안 지킨다며 면박을 주었다. 먼저 왔던 최 아무개가 자신의 사진을 보내 준다더니 소식도 없다는 것이었다. 사진기가 흔치 않던 시절이라 현지에 가서 도움을 받으면 사진으로 보답하는 것이 관례였고 상대도 무척 좋아했다. 건넌방과 아랫사랑방 사이의 퇴에 옥수수가 널려 있다.(사진 48) 사진 49의 오른쪽이 부뚜막, 왼쪽이 외양간이다.

사진 46은 주인 아내가 시집올 때 타고 온 가마이다. 옥수수로 끼니를 잇는 산골로 시집을 갈 때도 새색시는 가마를 탔다. 평생에 한 번뿐인 호사를 누린 셈이다. 가마는 신리를 떠나는 색시마다 이용하였다.

사진 43, 44는 고콜이다. 고콜은 방 아래쪽 두 벽 사이에 두꺼운 널을 귀에 맞물리고 그 위를 진흙으로 쌓아올린, 너비 30센티미터에 높이 20센티미터쯤 되는 구멍이다.(사진 43) 위로 갈수록 좁아지며 끝은 부엌 쪽으로 뚫렸다. 이곳에 광솔불(관솔불)을 지펴서 방을 밝히며(사진 44), 긴 겨울밤에 어린이들은 감자나 고구마도 굽는다. 난방에도 도움이 된다. '코쿨' 또는 '코쿠리'라는 별명은 사람의 코를 닮은 데서 왔다.

사진 45는 돼지나발이다. 1960년대에도 멧돼지가 저지르는 농작물 피해가 극심하였다. 이들이 밤중에 나타나면 이장이 나발을 불어서 온 마을에 알렸으며, 사람들은 저마다 홰를 밝혀 들고 밭으로 달려갔다.

46

47

48

49

사진 51은 삼척시 신기면 대이리의 어느 집 까치구멍이다. (1967) '까치구멍'은 까치가 드나들 만한 작은 구멍이라는 뜻으로, 겹집이 지닌 두드러진 특징의 하나이다. 겹집에서는 서너 개의 방에 불을 때고 여물도 끓이며 고콜도 있어서 연기가 엉성한 구새굴뚝으로 다 빠지지 않는다. 이를 위해 마련한 것이 지붕마루 양쪽의 구멍이다. 이곳으로 들어오는 햇볕은 어두운 집안을 밝혀 주기도 한다. 희끄무레한 연기가 이 구멍에서 번져 나온다. 경상북도 산간지대에서는 '까치구멍집'이라 부른다.

사진 52는 양양군 서면 오색리의 어느 집 까치구멍이다. (1982) 오색약수로 유명한 이곳 여관에서는 합각벽에 유리문 두 짝을 달고 필요한 때마다 여닫았다. 방이 세 줄을 이루어서 연기의 양이 그만큼 많았던 것이다. 황해도 일대에서는 '세겹집'이라 부른다. 빈 집이라 들어가 보지 못한 탓에 이듬해 12월에 다시 갔더니 이미 헐리고 없었다.

사진 53은 경상북도 안동시 도산면 토계리의 어느 집 까치구멍이다.(1970) 상류가옥에서는 이처럼 합각 양쪽에 구멍 두 개를 내기도 한다. **사진 54**는 정선군의 한 농가 안쪽에서 본 까치구멍이며(1970), **사진 50**은 평창군 봉평면 어느 초가의 까치구멍이다.(1970)

51

52

53

54

55

굴뚝 　안방　　　　도장

나뭇간　　　정지

굴뚝　사랑방　　　마구　뒷간

0　　　　3M　Ｎ

2

사진 55는 삼척시 도계읍 신리의 굴피집이다.(1967) 굴피는 참나무나 상수리나무 껍질로, 너와마저 구하기 어려운 강원도 산간지대와 지리산 일대에서 지붕을 덮었다. 이것은 이십 년이 넘게 자라 지름 30센티미터쯤 된 나무에서 떼며, 밑동에서 한 발 사이의 것을 첫손에 꼽는다. 두께가 3센티미터 되어 수명이 그만큼 긴 까닭이다. 물이 올라서 잘 떨어지는 음력 7월쯤이 거두기에 가장 좋다. 도끼날을 이

〔齒〕로 삼아 나무에 대고 죽 그은 뒤 도끼머리로 툭툭 쳐서 끝이 뾰족한 자루 끝으로 떠낸다. 하루 한 짐쯤 거두며, 손이 모자라면 사서 덮는다.

굴피는 껍질 부위를 바닥으로 해서 끝이 겹쳐지도록 두 겹으로 깔아 나간다. 처마 쪽에서 마룻대 쪽으로 펴 올라가므로 덮고 나면 물고기 비늘을 연상시킨다. 여덟 칸에 이백 짐 들어간다. 수명이 긴 편이어서 '기와 만 년에 굴피 천 년'

56

57

58

이라는 말이 전한다.

이 집은 앞에서 든 김해명 씨의 아들 집으로, 안방과 사랑방 사이에 벽을 치지 않고 장지를 달아서 필요한 때 터놓는다.(평면도 2)

사진 56도 같은 마을 김진호의 굴피집이다. 처음에는 누른빛이 돌다가 세월이 지나면서 검은빛으로 변한다. 여름에 덜 덥고 겨울에 덜 추운 것은 장점이지만, 모양이 뒤죽박죽이어서 누더기처럼 지저분하다.(사진 57) 사진 58은 굴피를 덮은 디딜방앗간이다.

함경도 겹집과 달리 방 사이에 마루를 놓고 마구를 앞으로 내달았다. 앞의 두짝열개의 문보다 아랫방과 마구 사이의 외짝 문으로 더 자주 드나든다. 이 때문에 보고자들이 서쪽을 집의 전면으로 다루는 잘못을 저질렀다.

59

사진 60은 전라북도 무주군 설천면의 굴피담이다.(1970) 굴피가 넉넉한 고장에서는 이처럼 담 위에도 덮었다.

집으로 옮겨 온 굴피는 응달에 너댓새 두었다가 반듯하게 펴서 차곡차곡 재 놓고 냇돌 서너 개로 지질러 두었다가(사진 61) 구시월에 덮는다. 햇볕을 받은 부분이 삭아서 갈라지므로, 들어낸 다음 삭은 부분을 안쪽으로, 안쪽을 바깥쪽으로 바꾸어 끼운다. '떨어 잇기'라는 말은 이에서 왔다. 양쪽이 모두 헐면 아예 새것으로 바꾼다.

사진 62는 충청북도 괴산군 청천면 화양리의 굴피나무이고, 사진 63은 삼척시 도계읍 신리의 굴피를 벗긴 굴피나무 모습이다.(1972) 사진 59는 삼척시 신기면 대이리의, 굴피로 덮은 물방앗간이다.

60

61

62

63

사진 66은 삼척시 도계읍 신리의 겨릅집이다.(1982) '겨릅'은 껍질을 벗긴 삼대로, 이것을 지붕에 덮은 집이 겨릅집이다. 볏짚처럼 속이 빈 덕분에 여름에 덜 덥고 겨울에 덜 추운 효과가 있다. 또 겉이 매끄러워 비가 바로 흘러내려서 수명이 세 해쯤 가는 것도 장점이다. 겨릅대를 충분하게 덮지 못한 탓에 이 집에서는 산자 위에 천막 천을 깔았다. 처음에는 흰빛이어서 햇볕을 받으면 눈이 부실 지경이지만, 점점 검은색으로 변한다. 사진 67이 안방 천장의 겨릅대 모습이다.

사진 68의 안쪽이 안방, 건너 쪽이 사랑방이며, 사진 69는 외양간이고 왼쪽에 뒷간이 있다. 천장에 조와 옥수수 다발을 걸어 놓았다.(사진 70) 사진 64의 오른쪽으로 화투가 보인다. 이 위에 구들장만 한 돌을 올려놓아서 안방으로 들어가는 통로 구실도 한다. 사진 65는 필요할 때 쓰려고 모아 둔 겨릅대이다.

사랑방 뒤에 벽을 쳐서 도장을 들이고, 웃방 앞에 너른 퇴를 붙였으며, 방앗간을 외양간 옆에 붙였다.(평면도 3)

64

65

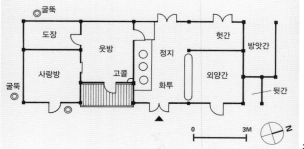

3

66

67

68

69

70

71

사진 71은 평창군 대화면 대화리의 돌기와집이다.(1983) 돌기와는 얇은 판석(靑石)으로, 너와를 닮은 탓에 '너새' 또는 '너에'로도 불린다. 충청북도의 이름은 돌너와집·돌집·청석집이다. '돌기와 만 년에 기와 천 년'이라는 말대로 한 번 덮으면 한두 세대를 넘어간다. 처음에 검은빛이 돌지만 세월이 지날수록 황갈색으로 바뀐다. 한 칸을 덮는 무게가 1톤쯤이어서 여간 튼튼한 집이 아니면 덮지 못한다. 작은방 아궁이에 들이치는 비를 막으려고 눈썹차양을 달았다.

사진 72도 이 마을의 돌기와집이다. 돌기와는 흔히 광산에서 마른 대로 덮으므로 두께와 크기가 제 각각이다. 밟아도 좀체 깨지지 않고 습기가 적어서 해충도 꾀지 않는다. 또 덮을 때 돌의 결을 맞추면 빗물이 빠르게 흘러내리는 장점도 지녔다. 두께 1센티미터쯤에 너비 40-50센티미터쯤이다. 구새가 귀해서 널쪽을 네모로 짜 맞추고 굴뚝으로 박았다.

사진 73은 충청북도 보은군 보은읍의 어느 집 돌기와 지붕이다.

72

73

74

사진 74는 정선군 정선읍 신월리의 돌기와집이다.(2010) 전국을 통틀어 본디 모습을 그대로 지닌 유일한 돌기와집이다. 2010년부터 중요민속문화재 지정을 서둘렀지만 주인과 주민들의 반대로 이루어지지 않았다. 문화재가 되면 마을 전체에 큰 지장을 줄 수도 있기 때문이다. 도청·군청·문화재청에서 여러 차례 설득했음에도 꿈쩍도 않았다.

문화재청 관계자는 주인의 동의가 없어도 지정할 방법이 있다더니 손을 놓고 말았다. 정선읍에서 영월로 나가는 남면 유평리 길가에도 한 채 있다.

사진 75는 사랑채 동쪽으로, 방 앞에 퇴를 놓았다. 사진 76은 안채, 사진 77은 외양간이며, 사진 78은 부엌 천장, 사진 79는 까치구멍이다.

75

76

77

78

79

사진 82는 삼척시 하장면 한소리의 김 씨 집이다.(1984) 여름철에는 소를 외양간 앞마당에 매고 풀을 깔아 둔다. 소가 짓밟으면 쉬 삭는 데다가 똥오줌이 섞여서 좋은 두엄이 되는 까닭이다.

왼쪽 쇠죽가마의 여물에서 피어오르는 김을 소가 주린 눈으로 건너다보는 가운데 아낙이 손풍구로 불을 일군다.(사진 83) 외양간은 이처럼 소가 여물 끓는 것을 볼 수 있는 곳에 두는 것이 가장 좋다.

사진 84는 외양간의 입춘첩(立春帖)이다. 소를 한 식구로 여기는 만큼 외양간에도 붙이는 것이다. 다음이 그 일부이다. "天增歲月 人增壽(하늘이 세월을 늘리듯 인간의 수명이 늘어난다)." "雨順風調(비는 순조롭고 바람도 알맞다)."

"堯之日月 舜之乾坤(요나라 때 나날이요 순나라 때 세상이다)." "春色江山 漸看新(봄빛이 강산에 가득하여 점점 새롭다)." "天下泰平春 父母千年壽(천하가 태평한 봄이라 부모도 천년 수를 누린다)." "家給人足 國泰民安(집마다 먹고 사는 것에 부족함이 없어 나라와 백성이 편안하다)." "春光先到 吉人家(봄빛이 먼저 이르러 집에 좋은 일이 생긴다)." "春滿乾坤 福滿家(봄빛은 천하에 가득하고 복은 집마다 가득하다)."

사진 80은 수숫대로 짠 원뿔꼴 여물광이다. 여물은 짧게 자른 옥수숫대이다.

사진 81은 원주시 귀래면 귀래리의 한 농가에서 여물(쌀겨)을 먹는 소의 모습이다.(1984)

82

83

84

85

86

87

사진 88은 인제군 기린면의 산속 농막이다.(1972) 깊은 산골에서는 밭의 김을 매거나 가을걷이를 할 때 임시로 머물기 위한 농막(農幕)을 짓는다. 집이 워낙 멀리 떨어져서 하루에 오가기 어려운 까닭이다. **사진 91**의 왼쪽은 헛간이다. 세 칸 몸채 지붕에 새를 덮었다. 굴뚝은 구새굴뚝이다.(**사진 89**)

사진 92는 평창군 진부면 하진부리 평창강(平昌江)의 초가이다.(1986) 김소월(金素月, 1902-1934)의 "엄마야 누나야 강변 살자 / 뜰에는 반짝이는 금모래 빛 / 뒷문 밖에는 갈잎의 노래 / 엄마야 누나야 강변 살자"는 시가 절로 떠오른다.

사진 90은 평창군 봉평면의 '초가삼간'으로, 마당에 편 멍석에 곡식을 말리고 있다.(1970)

사진 85-87은 집 짓는 과정이다.(1974) 기둥을 세우고 도리를 걸고 나서(**사진 86**) 보를 얹고 지붕틀을 꾸민다.(**사진 87**) **사진 85**는 서까래를 걸어 놓은 모습이다.

88

89

91

90

92

93

94

사진 93은 평창군 봉평면의 초가이다.(1970) 전면이 일곱 칸이나 되는 보기 드문 샛집이다. 오른쪽 끝이 외양간으로, 앞에 쇠죽가마를 걸었다.

사진 94는 같은 마을의 전형적인 겹집이다.(1970) 영동지 방의 겹집과 달리 전면과 측면에 퇴를 놓았다. 왼쪽 끝은 외양간이다.

사진 98은 고성군 죽왕면 왕곡리 왕곡마을 한 상류가옥의 퇴이다.(1981) 방 앞의 퇴를, 통돌을 깎고 다듬어서 붙인 유일한 보기이다. 앞면이 연기에 그을린 것을 보면 화재예

방 삼아 돌 퇴를 놓은 듯하다.

사진 97은 같은 마을 어느 집의 처마 밑에 쌓아 놓은 장작이 다.(1981) 늦가을이 되면 어느 집에서나 겨울 채비로 김장 과 장작 마련을 서둘렀다. 장작더미는 그 집의 부를 알리는 상징물이기도 했다.

사진 95는 같은 마을 어느 집의 나락뒤주이다.(1981)

사진 96은 주문진 북쪽의, 고성으로 향하는 길가 왼쪽에 남 았던 일본식 이층집이다.(1981) 강원도에서는 보기 드문 '아(亞)'자 살을 붙인 창이 보인다.

95

97

96

98

99

100

사진 99는 고성군 죽왕면 삼포리의 어명기 집이다.(2009) 강원도의 전형적인 상류 겹집이다. 정면 네 칸에 측면 세 칸이며, 팔작지붕에 기와를 얹었다. 몸채 뒤에도 세 칸의 곳간이 있다. 1500년대의 건물로, 1750년 무렵에 화재를 만난 탓에 1753년에 다시 지었다. 또 1996년 4월 23일의 산불로 디딜방앗간과 뒷간이 잿더미가 된 것을 이듬해 복원하였다. 몸채 앞쪽 두 칸에 마루를 꾸미고 옆으로 한 칸 방을 들였으며(**사진 101**), 앞쪽에 부엌문을 붙이고 그 뒤에 붙박이 뒤주를 놓았다. 정주간이 없는 대신 부엌은 매우 너르다.

사진 100은 부엌 앞의 외양간으로, 위에 다락을 꾸몄다. 소가 드나드는 미닫이를 오른쪽에 마련한 것은 아주 드문 보기이다. **사진 102**는 부엌에서 본 외양간 다락으로, 앞에 사닥다리를 놓았다. 안에 쌀 두 가마들이 독 여섯 개를 좌우 양쪽으로 늘어놓았다.(**사진 103, 104**) 바닥에 장판을 깔아서 큰일 때 멀리서 온 손님이 자기도 한다. 두 개의 격자살 창문을 마련한 것도 이를 위해서이다.

사진 105는 디딜방앗간, **사진 106**은 뒷간이다. 디딜방아를 버젓한 기와집 안에 앉힌 것은 이 집뿐이다.

107

108

109

사진 107은 정선군의 구새굴뚝이다.(1982) 산간지대에서는 통나무를 반으로 쪼갠 뒤 양쪽을 파낸 다음 다시 맞물려서 굴뚝으로 쓴다. 굵은 통나무를 구하기도 어렵거니와, 구멍을 맞뚫는 데도 시간이 적잖이 걸리는 까닭이다. 더러 연기가 틈으로 새지만 문제는 없다.

사진 108도 삼척시 신기면 대이리의 구새굴뚝이다.(1982) 사진 109는 같은 마을의 널구새이며(1982), 양양군 서면 오색리의 것(**사진 111**)도 마찬가지이다.(1982)

사진 112는 정선군 어느 집의 굴뚝으로, 속을 판 통나무 반쪽을 맞물려 세운 것이고(1981), **사진 113**도 같은 마을의 같은 종류이다.(1981) **사진 110**도 정선군 어느 집의 너새굴뚝으로, 시간이 지나면 틈이 벌어지므로 연기가 새지 않도록 두꺼운 천으로 동여 두었다.(1981)

사진 114, 115는 정선군 어느 샛집의 앞과 옆 모습으로, 함석을 둥글게 말아 굴뚝을 박았다.(1982)

110

111

112

113

114

115

116

117

사진 116은 삼척시 도계읍 신리의 물방아이다.(1968) 물방아는 이백 년 이상 자란 소나무의 한 끝을 구유 꼴로 파서 물받이로 삼고, 다른 한 끝에 공이를 박은 방아이다. 원뿔 꼴 방앗간은 겨릅대 따위로 덮는다. 물받이에 물이 가득차면(**사진 117**) 아래로 내려가 물이 쏟아지면서(**사진 118**) 공이 쪽이 번쩍 들려 올라갔다가(**사진 119**), 공이가 확으로 떨어져서 곡식을 찧는다. 공이는 단단한 박달나무라야 견딘다. 공이 끝에 쇠촉을 박기도 한다.(**사진 120**)

기장과 조 따위는 하루 한 가마, 물이 좋으면 벼 두 가마를 찧는다. 서속(黍粟) 한 가마에서 알곡은 엿 말쯤 나온다. 속도가 워낙 느려서 사람이 지킬 필요가 없으며, 곡식을 아침에 확에 넣었다가 점심 때 간다. 밤에 밭으로 몰려드는 멧돼지들을 쫓기 위해 공이에 양철통을 끼워서 큰 소리를 내기도 했지만 큰 효과는 없었다.

사진 121은 평창군 봉평면 덕거리의 우물 귀틀이다.(1967) 산간지대에서는 우물전도 귀틀로 짰다. 치즈 깡통으로 만든 두레박이 보인다.

118

119

120

121

사진 124는 삼척시 하장면 한소리의 물레방앗간이다. (1983) 1920년대에 초등학교장 장형식 씨가 걸었으며, 여섯 집에서 계(契)를 묻고 관리한다. 인근 삼십여 리의 주민들도 이용한다. 한때는 이 마을로 시집오기를 바라는 처녀들이 많았다. 힘든 디딜방아를 찧을 필요가 없었던 까닭이다. '인심 좋고 방아 좋아 총각 장가가기 쉽다'는 말이 돌 정도였다.

계원(契員)이 아닌 사람은 1980년대에 한 말을 찧는 데 콩이나 청밀은 삼백 원, 귀리와 메밀은 백오십 원을, 메밀가루 내는 데는 한 말에 삼백 원의 삯을 냈다. 해마다 섣달그믐께 계꾼들이 칼국수를 먹으며 셈하는 것을 '색 먹는다'고 이른다. 관리 책임자인 '색장'은 해마다 돌아가며 맡고 한 해 콩 한 가마를 받는다.

사진 125는 같은 마을 방앗간의 겨릅대 지붕과 물길 모습이다. (1983) 삼의 고장이라 지붕을 겨릅대로 덮었으며, 이를 '마골' 또는 '마개'라고도 한다. 겨릅대는 수명이 삼 년으로, 이것으로 세 칸 집을 덮으려면 1톤 트럭 넉 대분이 든다. 다발에 불을 붙여서 횃불처럼 쓰기도 한다. 사진 126은 바퀴

로, 육 내지 팔년생 소나무를 톱으로 켜서 짠다. 굴대도 같은 나무이다. 몸체는 참나무, 공이는 마치나무이다. 물레방아 한 틀을 새로 거는 데 사흘 걸린다.

사진 128은 방앗간의 안 모습이다. 바퀴가 도는 속도는 물의 양에 따라 다르지만 일 분에 스물세 번 돌고 공이는 마흔여섯 번 오르내린다. 눌림대를 굴대에 따로 박아서 하나가 올라갈 때 다른 하나는 내려온다. 소나무 공이도 있다. 약한 것이 흠이지만 다른 나무보다 덜 미끄러워서 성능이 좋은 편이다. 강냉이 대여섯 말 찧는 데 두 시간 걸린다.

한 새댁이 찧은 곡식을 키로 까불러서 쭉정이 따위를 고른다. (사진 127) 방아를 쓰지 않을 때는 공굿대로 괴어 둔다. (사진 128)

사진 122는 강릉시 산간지대의 홈대이다. (1967) 샘이나 우물을 파기 어려운 곳에서는 여러 개의 홈대를 이어서 물을 끌어온다. 사진 123은 강릉시 연곡면 삼산리 금강사(金剛寺)의 홈대이다. (1969) 여러 개의 물받이를 놓고 용도에 따라 달리 쓴다. 맨 위쪽이 식수, 아래쪽이 허드레용이다.

122

123

124

125

126

127

128

129

130

131

사진 129는 양양군 현남면 남애리 어느 집의 성주이다. (1983) 강원도 일대에서는 흔히 마룻대를 받치는 종보에 성주를 모신다. 높은 데에 하늘을 향해 서 있는 까닭이다. 백지는 무당이 성주굿을 할 때 새로 접어 붙이며, 성주고사는 해마다 올린다. 성주는 집지기 가운데 으뜸가는 신으로, 집을 지어 이사하거나 주인이 죽어 아들이 대를 이었을 때 새로 모신다.

사진 134는 원주시 귀래면 귀래리 어느 집의 성주로, 앞과 같은 꼴로 접은 한지를 안방 귀퉁이에 걸었다.(1988) 한지는 성주굿을 벌일 때마다 덧건다.

사진 131은 고성군 죽왕면 오봉리 어느 집의 군웅님이다. (1983) 군웅님은 외양간의 마소를 돌보는 지기이다. 네모로 접은 한지를 외양간 옆이나 앞 벽에 대못을 쳐서 꽂아두며, 소가 병들거나 송아지가 태어나면 이 앞에 물을 떠 놓고 빈다. 봄에 산메기(산신제)를 올릴 때는 산으로 가져가며, 집 안에는 새로 모신다. '군웅(軍雄)'인지 '구눙'의 잘못인지는 알 수 없다.

사진 130은 경상북도 영덕군 영덕읍 어느 집의 성주이다. (1972) 마루 귀퉁이에 맨 선반의 단지 안 나락을 성주 신체로 받든다. 나락은 해마다 새로 갈아 넣고 헌 것은 떡을 해 먹는다. 나락이 불어나면 가운(家運)이 좋지만, 줄어들면 악운(惡運)이 닥친다고 한다.

'낟알'의 '알'은 '얼'이라는 뜻이다. 이는 조상의 얼(혼령)이 농사의 풍년을 가져다준다는 뜻이다. '나락'이라는 낱말은 이에서 왔다. 캄보디아의 농민들이 조상의 무덤을 논에 쓰는 것도 마찬가지이다.

사진 132는 삼척시 하장면 한소리 어느 집 부엌문에 걸린 체이다.(1981) 섣달그믐 날 하늘에서 내려온 야광귀(夜光鬼)가 댓돌에 놓인 신 가운데 제 발에 맞는 것을 신고 가면 신발의 주인공이 해를 입는다고 한다. 이 때문에 밤새 잠을 자지 않고 지키는 한편 문에 체를 걸어둔다. 야광귀가 쳇불을 거듭 헤아리는 사이에 날이 밝아서 미처 신을 신어 보지 못하고 달아난다는 것이다. 체 위의 한자 '용(龍)'과 '호(虎)'는 문지기이다.

사진 133은 원주시 귀래면 귀래리의 서낭으로, 흙벽돌 담에 슬레이트를 덮었으며 금줄을 걸었다.(1984) 강릉시 명주동 서낭당에는 치성을 드리는 이들이 바친 오색 천이 들어찼다.(사진 135)

136

138

137

사진 136은 삼척시 어느 고개의 서낭당과 당집이다.(1981)
서낭은 마을 어귀나 고갯마루에 쌓아 놓은 돌무더기로 마
을을 지키는 수호신이다. 흔히 큰 나무와 함께 받들며 당집
을 따로 짓기도 한다. 이 앞을 지날 때 반드시 돌을 한 개라
도 얹어야 복을 받는다고 여긴다.

사진 137은 강릉시 명주동의 서낭당으로, 돌단 위에 다시
돌을 네모로 쌓고 서낭님을 모셨다.(2000)

사진 138은 고성군의 한 서낭당은 세 칸 규모의 번듯한 기
와집이다.(1984)

사진 139는 삼척시 하장면 한소리의 김 씨가 절구 감을 베
기에 앞서 금줄을 치고 간단한 제물을 차린 뒤 산신령에게
"제게 나무를 주소서" 읊조리는 모습이다.

사진 141은 홍천군 봉평면 한 농가의 헛간이다. 1966년에
도 강원도 산골짜기인 이곳에는 상투를 튼 노인이 있었
다.(사진 140)

황해도

사진 1은 인천광역시 옹진군 대청면 소청리(소청도) 전경이다.(1981) 북쪽 언덕에서 본 마을로, 왼쪽이 서해이다. 어디서나 그렇듯이 교회 건물이 우뚝 솟아서 '게딱지' 마을과 극명한 대조를 보인다.

사진 2는 이 마을의 너에집이다.(1981) 황해도에서는 돌기와를 '너에'라 부른다. 이 집이 들어선 것은 1940년 무렵이다. 처음에는 섬에서 청석광산(靑石鑛山)을 개발한 업자가 선전을 위해 기술자를 데려와서 그냥 덮어 주었다. 벼농사를 짓지 않은 탓에 볏짚을 육지에서 사서 옮겨 와 덮어야 했던 주민들에게는 아주 좋은 소식이었다. 1981년에 돌기와 1톤에 좁쌀 너 말이었다.

'너에 만 년에 기와 천 년'이라는 말처럼 수명이 아주 길지만, 여덟 자 한 칸에 1톤의 무게가 실리므로 여간 튼튼한 집이 아니면 덮지 못한다. 여러 집에서 덮었다가 뒤에 슬레이트나 함석으로 바꾼 까닭을 알 만하다. 지붕마루에 수키와를 얹었다.(사진 4)

옛적의 도회지 상점처럼 방 앞에 빈지를 달아서 비바람을 막고 추위도 던다.(사진 2) 외양간 문을 제외한 삼면에 벽을 친 것도 마찬가지이다. 봉당이 넓어서 겨울철에는 곡식을 털거나 절구를 찧기도 한다. 사랑방의 앞퇴는 경기도 지역의 영향으로 생긴 것이다.(평면도 1) 불길이 들지 않는 웃방에는 세간사리 따위를 넣어 둔다.

사진 3은 이 집의 뒷모습이다.

1

사진6은 인천광역시 옹진군 대청면 사탄동(대청도)의 심윤홍 집이다.(1981) 모임지붕에 너에를 얹었다. 비역(부엌) 전면에 외양간과 광을 들인 ㄱ자집이다.(평면도 2) 봉당과 사랑방 앞에 붙인 사이 공간을 퇴방이라 부른다.(사진 9) 빈지를 닫는 겨울철에는 곡식 가마나 비료 부대를 쌓아 둔다. 봉당(높이 50센티미터) 앞에 벽을 치고 문을 달았지만 바닥은 본디대로 흙바닥이다.(사진 10) 구들 위에 반쪽 천장을 걸었으며, 사랑방 위의 더그매에 농기구 따위를 두고 사다리로 오르내린다. 장성한 자녀들이 쓰는 웃방에는 불길이 미치지 않는 탓에 아궁이를 따로 냈다.

퇴방 앞에 널벽을 쳐서 집안이 어둡다. 외부 사람은 널벽 한쪽에 붙인 빈지를 통해 사랑으로 드나든다. 바깥노인이 쓰는 사랑방과 봉당 사이에 벽을 친 것은 이 방으로 드나드는 외부 사람의 눈길이 안채에 이르는 것을 막기 위해서이다. 작은 섬에서 '내외'고 자시고 할 것이 없음에도 남녀유별의 유훈을 지킨다는 뜻을 나타낸 것이다. 봉당 앞에 널벽을 치고 문을 단 것도 이와 연관이 깊다. 가을철에는 곡식 가마를 쌓아 둔다. 웃방에서는 장성한 자녀가 기거한다. 사진 7은 몸채 서쪽이고 사진 8은 동쪽이며 사진 5는 북쪽의 일부이다.

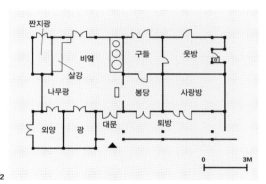

2

5

6

7

8

9

10

부뚜막 위와 동벽에 삼단의 사룽(살강)을 매고 식기를 얹었다.(**사진 11**) 구들은 오른쪽 봉당을 통해서 드나든다. 부뚜막 건너편에도 사룽을 걸고 찬장을 놓았다.(**사진 12**) 남쪽의 독은 물두멍이다. 비역이 너르고 천장이 높은 덕분에 여러 가지로 쓴다. 가을에는 도리깨를 휘두르고, 겨울철에는 절구질을 하며, 옷도 빤다. 광 앞의 절구 셋은 이를 위한 것이다.(**사진 13**)

11

12

13

사진 15는 인천광역시 옹진군 백령면 남포리 화동마을(백령도)의 윤태호 집이다.(1981) 1860년대에 세웠으며 마을의 기와집 세 채 가운데 유일하게 남았다. 마을에서는 장연군과 용연군 경계에 있는 불타산(佛陀山, 609미터) 봉우리가 집 뒤쪽에 있어서 터가 세다고 일러 온다. 이 때문인지 사업에 실패한 원주인은 1926년에 집을 윤 씨에게 넘겼지만, 윤 씨 자신은 특별히 좋지도 나쁘지도 않았다고 한다. 지붕도 몸채는 팔작으로, 외양 쪽은 모임지붕으로 꾸몄으며, 팔작지붕 합각에 배연과 채광을 위한 두 개의 까치구멍을 냈다.(사진 16) 처마는 홑처마이다. 천장은 구들과 사랑에만 베풀고 나머지는 연등천장으로 두었다.

여물광, 외양, 헛청을 비역 앞쪽에 둔 ㄱ자집이다.(평면도 3) 퇴방 앞에 네 짝의 분합문을 붙인 점이 돋보인다.(사진 15) 퇴방은 곡식 가마를 쌓아 두는 보조 공간이다. 봉당에 마루를 깔고 '봉당마루'라 부른다.(사진 21) 구들 건너편의 웃방은 손자녀의 공부방으로 고쳤다.(사진 22) 식구들이 주로 봉당 앞문으로 드나드는 것을 보면 대문은 경기 서해도서 지역처럼 바람막이에 지나지 않는 셈이다. 퇴방 앞의 유리분합문은 근래 달았으며, 여물광도 이때 마련하였다. 부뚜막 옆에 양은솥 두 개를 걸어 놓은 딴철(한뎃부엌)은 다른 겹집에는 없는 것으로 여름철에 이용한다.(사진 17의 왼쪽) 사진 18은 부뚜막 건너편의 찬장이다.

사랑방은 흙바닥에 기직자리를 깔았으며, 워낙 좁아서 이십여 년 전 개축할 때 서벽을 내고 뒤주와 앞달이를 들여놓았다. 이 방은 주인 혼자 쓰며(아내는 손자녀의 교육을 위해 인천 시내로 나갔다), 장판을 깐 구들에서는 아들(43세)과 나머지 손녀(17세) 및 손자(13세)가 지낸다. 조혼이 유행한 시절에는 한 집에서 오대(五代)가 사는 일도 드물지

않아서 '한 용마름 속에 오대 난다'는 말이 있었다. 이때는 나이 어린 부부를 위해 집 한 귀퉁이에 방을 덧붙였다.

임종은 구들에서 맞으며, 염습(殮襲)을 마치면 관을 봉당마루에 두고 상청(喪廳)은 마당에 차린다. 부모는 생전에 가부장권이나 살림권을 물려주지 않으며, 따라서 방도 바꾸지 않는다. 삼대가 살면 제일 웃대는 사랑방에서, 장년의 아들은 구들에서 지낸다. 사진 20은 김칫독과 곡식항아리를 둔 광이고, 사진 19의 앞쪽은 외양간이고, 오른쪽의 두 짝열개의 널문이 대문이지만 실제로는 봉당마루가 구실을 대신한다.

성주는 구들 사룽(살강)에 놓은 작은 단지 안의 나락이다. 해마다 햇곡으로 갈아 넣어서 가운의 번성을 빈다. 아이의 수명을 관장하는 삼신은 웃방 사룽에 얹은 나락 섬이다. 굴뚝에 짚방석을 여러 겹으로 두르고도 작대기로 괸 것을 보면 겨울철의 편서풍이 얼마나 센가를 알 수 있다.(사진 16의 오른쪽)

사진 14는 주인 윤태호 씨(74세)이다. 어둠을 사이에 두고 그와 밤늦게까지 이야기를 나눈 일이 엊그제처럼 떠오른다. 자신과 연관된 일을 그처럼 꿰뚫어 아는 이를, 전에도 그 뒤에도 만나지 못했다. 빠르지도 느리지도 않은 낮은 목소리로 타래의 실을 풀어 나가듯 말을 이어 나갔다. 그의 대답은 내가 아는 것이 얼마나 보잘것없는가를 일깨우는 채찍이었다.

화동의 아흔일곱 집 가운데 ㄱ자집이 쉰네 채로 반이 넘으며(56퍼센트), 一자집은 마흔두 채(43퍼센트), ㄷ자집은 한 채(1퍼센트)이다. ㄱ자집의 대부분은 겹집이며, 마루를 가운데 둔 경기도 유형은 한 채뿐이다. 一자집도 마찬가지이다.

14

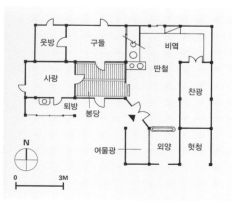

3

15

16

17

18

19

20

21

22

사진 23은 인천광역시 옹진군 백령면 남포리 장촌마을(백령도)의 이성만 집이다.(1985)

이 마을의 살림집은 백세 채이다. 이 밖에 교회 두 채(천주교회와 장로교회)와 경로당 및 방앗간 한 채씩과 초등학교가 있다. 아래의 표는 장촌마을 집의 평면 유형으로, '기타'는 초등학교 사택 두 채와 가게 세 채이다.(아래 표 참조)

一자집은 한 칸씩의 방 셋과 두 칸의 비역, 그리고 한 칸씩의 봉당·광·외양간으로 이루어진 겹집이다. 개량형 집의 대부분도 마찬가지이므로 겹집은 반에 가깝다. 이들 가운데 외양간 자리에 방을 들이거나(열세 채), 반으로 나누고 광 두 칸을 둔 집(세 채), 통째 광으로 꾸민 집(두 채), 방 두 칸을 둔 집(한 채) 따위가 있다. 이 밖에 안방과 웃방, 그리고 봉당과 사랑방을 한 공간으로 트거나(한 채), 봉당에 방을 들이기도 한다(한 채). 이십 호에서 일어난 외양간의 변화(86.95퍼센트)는 살림형편이 나아짐에 따라 헛간 따위의 부속건물을 따로 세우고, 그리로 옮긴 결과이다. 한편, 봉당이 거의 바뀌지 않은 점에서 그 비중이 매우 큰 것을 알 수 있다.

새마을 집은, 1970년대에 시작된 새마을운동으로 건축비의 20퍼센트만 내고 나머지는 정부가 지원한 덕분에 늘어났다. 주민들은 '무엇보다 깨끗해서 좋고 겨울에 덜 춥고 여름에 덜 더운 것'을 장점으로 꼽는다.

이 씨 집(사진 23, 24)은 1960년대 초에 초가로 지었다가 1970년대에 슬레이트로 바꾸었으며, 목수 네 품을 사서 보름 만에 마쳤다. 이때 관례대로 마을 사람들이 모두 나서서 하루씩 일을 도왔다. 주인은 이들에게 술을 대접하고, 지은 뒤에는 목수들을 위해 개를 잡아 잔치를 베풀었다.

초가였을 때는 쉰 마름의 띄적(날개)이 들었다. 한 마름은 길이 대여섯 발이며, 한 마름에 볏짚 두 단이 든다.(한 단은 굵기 60센티미터쯤이다) 옛적에는 지붕 이엉을 여자들이 품앗이로 엮었다.

집을 다 지으면 '들차리'를 벌인다. 지관(地官)이 잡은 '좋은 날' 저녁, 마을 사람들에게 밥·콩나물·강투(해초의 한 가지)를 넣고 버무린 비빔밥을 내는 잔치이다. 손님들은 성냥이나 국수방맹이(국수뭉치)를 들고 와서 장구 치고 노래 부르며 축하하였다.

평면은 겹집 양식 그대로이지만 몇 가지 변화가 보인다. 첫째, 비역 입구에 벼땅꼬와 보리땅꼬를 설치한 점, 둘째, 비역 왼쪽에 찬광과 광을 들인 점, 셋째, 비역과 광 사이에 벽을 치고 문을 단 점, 넷째, 찬광 옆에 세 칸의 돼지우리를 이어 붙인 점, 다섯째, 봉당과 사랑방 앞 퇴방에 널을 깐 점, 여섯째, 구들(안방)에 벽장을 마련한 점 따위이다.(평면도 4)

벼땅꼬와 보리땅꼬의 '땅꼬'는 '탱크'의 러시아말로, 이곳이 육이오 이전 북한에 딸렸던 자취이다. 이 두 공간은 농사가 늘어난 데 따라 생겼다. 곡식 가마를 쌓아 두는 광도 마찬가지이다. 비역과 광 사이에 문을 붙인 덕분에 외양간 냄새가 주거공간에 끼치지 않아서 위생 조건이 좋아지고 겨울의 추위를 더는 효과도 가져왔다.(사진 25) 이로써 외양을 밖으로 내지 않고도 지낼 수 있게 된 것이다. 황해도 겹집에 없던 돼지우리가 세 칸이나 생긴 것도 큰 변화의 하나이다.

유형	수	퍼센트
一자집	39	37.86
ㄱ자집	21	20.38
새마을 집	20	19.41
개량형 집	13	12.62
서양 박공집	5	4.85
기타	5	4.85
합계	103	99.97

장촌마을의 살림집 평면 유형. 1985.

23

24

구들은 이 씨 내외가 쓰며, 비역 쪽으로 낸 벽장에는 이부자리를 넣는다. 북벽 아래쪽의 작은 벽장에 반짇고리와 화장그릇을 비롯해서 주인의 어머니 상례 때 여자들이 머리에 맸던 오십여 개의 상주댕기(너비 2센티미터, 길이 30센티미터의 종이오라기)를 두었다. 그 아래에 검을 천을 두른 망자(亡者)의 사진틀을 걸고 왼쪽에 "서기 一九八三年 十月 二十七日(음 九月 二十二日) 別世"라고 쓴 한지를 길이로 붙였다. 사진틀을 한 해 동안 걸어 두는 점에서 상청(喪廳)으로 여기는 것을 알 수 있다.(사진 26)

구들과 웃방 사이에 장지가 있으나, 웃방의 큰아들이 공부를 위해 서울로 떠난 뒤로 겨울철에는 고구마를 갈무리한다. 주인 이 씨는 갓 혼인하고 나서 웃방에서 지냈으며, 구들에서는 부모가, 사랑방에서는 조부모가 기거하였다. 오년 뒤 조부모가 사망하자 부모는 사랑으로 나가고 자신과 아내에게 구들을 내주었다. 이는 매우 드문 일이다. 살림이 어려워서 결혼한 동생이 따로 나지 못하면 외양간 옆의 광에 방을 들인다. 그가 전면을 다섯 칸으로 잡는 황해도의 관행을 깨고 여섯 칸 집을 지은 것도 필요한 때 방을 쓰기 위해서이다.

주인의 어머니가 쓰던 사랑방은 둘째 아들의 공부방이 되었다. 칠 년 전 봉당에 마루를 깔았으며, 사랑방에 불을 넣을 때는 마룻장을 들어낸다. 이때 비역 사이에 마루를 깔면서 분합문을 달아 놓은 덕분에 비역 내부도 가려지고 추위도 덜게 되었다.

봉당에 마루를 깔고 나서 춥지 않은 계절에는 손님을 접대하고, 식구들이 식사를 하며 잠도 자는 등 기능이 크게 바뀌어 중부지방의 마루처럼 된 것이다.

비역 입구 좌우의 벼땅꼬와 보리땅꼬는 1964년에 붙인 것으로, 벼 스무 섬과 보리 열 섬을 갈무리한다. 이전에는 열네 섬들이 먹쟁이(먹서리)에 담아 두었다.(먹쟁이의 바닥을 짜는 데만 두 사람이 이틀 걸린다)

외양간 앞 널문 옆에 구덩이를 파고 외양간에서 흘러나오는 지량물을 받아 두었다가 거름으로 낸다. 구유가 커서 세 바리를 먹일 수 있다.

전면 세 칸, 측면 두 칸의 一자꼴 헛간채에 두 칸의 뒷간(잿간 겸용)과 헛간, 한 칸씩의 광과 나무간을 두었다. 광에는 새끼틀·양수기·농약분무기 따위가 있다.

집지기로 성주·대감막(大監幕, 터주)·부군막(府君幕) 따위를 모신다. 성주 신체는 색 헝겊이나 네모로 접은 한지로, 봉당과 부뚜막 사이의 기둥에 붙인다. 두란(뒤란)의 짚으로 짠 대감막은 닭장을 닮았으며(높이 60센티미터에 길이 80센티미터), 그 안의 횃대에 걸어 둔 한지(너비 15센티미터에 길이 30센티미터)가 신체이다. 정월 대보름에 떡시루를 놓고 농사의 풍년과 가족의 평안을 빌며 신체는 해마다 바꾼다. 두란의 부군막도 짚으로 짓고 막 안에 대접을 놓았다. 지붕은 해마다 이엉으로 덧덮는다.

조를 심을 때 모시는 조짚주저리도 있다. 안에 세운, 새끼로 둘러 감은 막대기가 신체이다. 조 농사의 풍년을 빌 때는 나무에 흰 종이를 걸며, 해가 바뀌면 주저리를 덧씌운다. 업은 천이나 의복을 담은 당적(작은 항아리)이다. 외양간지기는 구유 머리 좌우에 수박처럼 엮어 붙인 짚 뭉치로, 안에 나락을 담았다.

시어머니는 며느리가 살림 내용을 알게 되면 살림을 물려주지만, 재산 처분권은 끝까지 지킨다. 남녀 모두 안방에서 임종을 하며 해산도 마찬가지이다. 산부(産婦)는 삼칠일 뒤에 제 방으로 간다.

집 주위의 담 위에 수키와를 포개 쌓은 것이 돋보인다.(사진 27)

25

26

27

28

29

사진 28은 백령도 일대에서 많이 잡히는 까나리를 삶는 마을 공용의 한뎃부엌이다.(1981)

사진 29는 인천광역시 옹진군 백령면 진촌리(백령도)의 어느 냉면집에서 분통의 국수를 빼는 모습이다.(1981)

사진 30은 채가 멍에까지 이르는 전형적인 북한식 달구지(길이 5미터 40센티)이다.(1984) 길마를 얹지 않고 멍에를 목뼈에 바로 건 것도 마찬가지이다.(사진 31) 이 덕분에 달구지가 비탈에서 굴러 떨어져도 몸채가 쉽게 벗겨져서 소는 부상을 입지 않는다. 몸채 바닥에 세장 일곱 개를 놓기만 하고 바닥을 깔지 않은 것은 무게를 그만큼이라도 덜기 위해서이다.(사진 32) 거름 따위를 나를 때는 새(茅) 사이에 참대를 엮어서 짠 마당발을 깔고 곁에 곁발을 덧붙여서 흘러 떨어지는 것을 막는다.(사진 33) 달구지는 1970년대에 사만 원을 들여 꾸몄으며 참죽나무 목재는 인천에서 들여왔다. 1975년에 나무 바퀴의 살(여섯 개)이 부러지는 바람에 타이어로 바꾸었다.

30

31

32

33

34

사진 34는 인천광역시 옹진군 백령면 진촌리(백령도)의 이유신 집이다.(1981) 전면 다섯 칸에 측면 두 칸 반의 상류 가옥이다. 팔작지붕에 기와를 얹었다. 1940년대에 지으면서 몇 가지 변화를 꾀하였다. 첫째, 구들에 벽장과 골방을 붙이고, 둘째, 외양 자리에 딴방을 들이며, 셋째, 퇴방 앞에 유리 분합문을 달고, 넷째, 부뚜막 위에 벽장을 붙이며, 다섯째, 높이 70센티미터의 축대 위에 집을 앉힌 점 따위이다.(평면도 5) 봉당의 마루는 집 지을 때 깔았다.

사진 35는 인천광역시 옹진군 연평면 연평리(연평도)의 한 집이다. 황해도의 전형적인 겹집으로, 본디 초가였으나 1978년에 양기와로 바꾸었다.(사진 35) 전면 네 칸, 측면 세 칸의 큰 집임에도 축대를 쌓기는커녕 서해 바다의 바람을 피하려고 도로보다 50센티미터쯤 낮게 지었다.(사진 36) 굴뚝에 짚을 두툼하게 두르고 단단히 조인 것이나, 외양간을 사랑채에 들여 세우고 문을 봉당 쪽으로 낸 것도 겨울의 매서운 편서풍 탓이다.

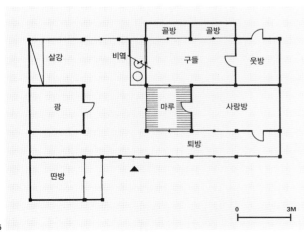

5

35

36

37

38

39

40

뙤새집(똬리집)인 탓에 안봉당에서 보이는 하늘은 지름이 2미터에도 못 미친다. 그나마 내려 부는 바람을 막으려고 처마 주위에 비닐을 둘러쳐서 집안이 매우 어둡다.(**사진 37**) **사진 38**은 거친 대오리를 길이로 먹인 방문이고, 왼쪽은 같은 형식의 창이다.

이 집이 지닌 또 하나의 특징은 안봉당과 바깥봉당 사이에 벽을 친 점이다. 이는 사랑방으로 드나드는 바깥사람의 시선을 막는 이른바 내외벽이자, 안채에 함부로 들어오는 것을 막는 경계선이기도 하다. 아주 작은 섬인 데다가 주민의 대부분이 혈연으로 얽혀서, 나와 남, 남자와 여자를 가릴 처지가 아님에도 굳이 이렇게 한 것은 내외를 지킨다는 것

을 드러내기 위해서이다. 식구래야 주인 내외뿐임에도 일흔네 살(1981년)의 남편은 사랑방에서, 아내는 구들에서 지낸다.(**평면도 6**)

부엌은 안봉당보다 1미터나 낮다.(**사진 40**) 평안도집처럼 부엌을 구들과 딴방 사이에 두었다. 구들과 안봉당 사이에 대살을 먹인 외짝문과 동창(되창)을 내고 북벽에 뒤로 드나드는 쪽문을 붙였다. 아들 내외가 쓰던 딴방은 비어 있다. **사진 39**의 오른쪽 대살문이 사랑방 출입문이며, 부엌은 **사진 41**의 오른쪽에 붙인 두짝열개의 문으로 드나든다. **사진 42**는 뒷간이다.

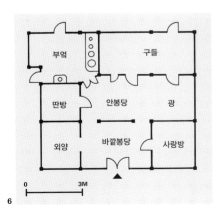

43

44

45

46

사진 43은 연평도의 한 상류가옥이다.(1981) 연평도에서 가장 큰 집으로, 전면 다섯 칸에 측면 네 칸 반이다.(평면도 7) 주인 강성준 씨(1981년에 62세)는 1967년에 이 집을 육만 원에 샀으며, 1973년에 짚을 들어내고 슬레이트로 바꾸어 덮었다. 부잣집답게 안채뿐 아니라 대문 쪽의 바깥채도 지붕을 오량(五梁)으로 꾸미고 몸채 전면에 두리기둥(지름 17센티미터)을 세웠다.(사진 45)

오량집을 이 섬에서는 '고조집', 벽성군에서는 '고제집'이라 부른다. 고조나 고제는 고주(高柱)의 사투리이다. 구들 앞에 너른 퇴를 놓아서 객은 이곳에 앉아 주인과 대화도 나눈다.(사진 45) 사진 44의 왼쪽은 딴방이며, 오른쪽은 부엌문이다. 마당을 사이에 두고 퇴에 앉은 손님(신영훈)과 주인이 이야기를 나누고 있다.(사진 46) 부엌 바닥은 안봉당보다 70센티미터나 낮다.(사진 47) 부뚜막 건너편에 붙박이 찬장을 달았다.(사진 48)

앞의 집처럼 안팎 봉당 사이에 벽을 치고 그것으로도 모자라서 문까지 달았다. 특히 중문을 두짝 여닫이로 꾸민 것은 마주한 대문 밖의 시선을 막기 위해서이다. 이 문은 여성

전용이며, 남자들은 오른쪽의 미닫이로 드나든다.

광에 마루를 깐 것은 큰 변화이며, 광과 웃방 사이에 대청을 들이고 구들과 사랑방 앞에 퇴를 놓은 것도 마찬가지이다. 경기도 내륙지방의 영향에 따른 것이지만, 대청을 구들과 구들 사이가 아니라 한쪽 구석에 둔 것은 비중이 그다지 크지 않음을 나타낸다. 사랑방의 퇴는 이 방의 기능을 한껏 높였으며, 퇴 앞에 수숫대 바자를 세웠다가 1971년에 널빈지로 바꾸었다. 주인 내외는 구들에서, 아들 내외는 딴방에서, 둘째 아들(고교생)은 웃방에서 지내며, 외양은 김 작업장으로 쓴다.

구들 앞 왼쪽 기둥은 상량기둥이다. 성주를 모신 날 주인이 입은 웃옷을 담은 상자를 중간에 잡아매고 몸주대감으로 받든다.(사진 50) 구들 가운데의 들보는 '성주보', 부엌 쪽의 것은 '불왕보', 바깥 봉당의 것은 '지왕보'라 한다. 성주보에는 한지를 접어 붙이고 성주신으로 모시며(사진 49), 백지에 실을 두툼하게 감은 삼신은 구들 서벽 귀퉁이에 매달았다.

47

48

49

구들　　　웃방

부엌　　　　　　대청

딴방　　안봉당　　광

중문

광　　바깥봉당　　사랑방

0　　　　　5M

7

50

경상도

사진 6은, 지금은 안동댐 건설로 수몰된 경상북도 안동시 월곡면 도곡동의 까치구멍집이다.(1970) 함경도의 겹집양식은 강원도를 거쳐서 안동 지역까지 거의 그대로 이어 내려왔다. 이름은 '까치구멍집'이다.(사진 2) 1970년대에는 한 마을이 모두 까치구멍집이던 곳도 적지 않았다.

정지를 가운데 두고 오른쪽에 방을, 왼쪽에 방과 마구를 들였다. 이곳에서는 외양간을 마구라 부른다.(평면도 1) 사진 8은 되새김질을 하는 소의 모습이다. 집이 워낙 좁아서 흔히 외양간에 다락을 매고 여물이나 농기구를 두기도 한다.

오른쪽에 부뚜막과 다락 사이에 걸쳐 놓은 사닥다리가 보인다.

사진 1은 벽 밖으로 길게 뺀 도리이다. 이곳에 멍석이나 광주리 따위를 얹거나 걸어 둔다.(사진 4, 5) 그 슬기가 놀랍다. 헛간 따위가 따로 없는 집에서는 더할 수 없이 유용한 시설이다.

사진 3은 불씨를 보관하는 화투이고(p.70의 사진 39, p.80의 사진 64 참조), 사진 7은 잡석으로 단을 쌓은 장독대이다.

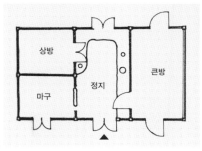

```
┌──────────┬──────────────────┐
│   상방   │          큰방     │
│          │     정지          │
├──────────┤                  │
│   마구   │                  │
└──────────┴──────────────────┘
         ▲
```
1

6

7

8

9

10

11

사진 12는 경상북도 안동시 예안면 도목리의 까치구멍집이다.(1980년대 초) 안동시 일대에 분포하는 겹집의 전형으로, 까치구멍집이라 부른다. **(사진 14)**

겹집 안채 외에 홑집 사랑채를 이어 붙이고 헛간채를 따로 세웠다. 함경도의 겹집이 강원도를 거쳐 안동시에 이르러 바뀐 결과이다. 안채만으로는 생활하기 어려워 부속공간을 늘릴 수밖에 없었던 것이다. 안방이 두 칸으로, 마루가 칸 반으로 늘어난 것도 큰 변화이다. **사진 13**의 왼쪽이 몸채이고, 오른쪽이 사랑채이다. **(평면도 2,**『안동댐 수몰지구 고가이전 복원보고』**)**

큰방에서는 살림권을 쥔 시어머니가, 머리방에서는 아들 내외가 지낸다. 바깥노인이 사랑을 차지하는 것은 다른 지역과 같다. 사랑방의 문을 북쪽에 달고 몸채와의 사이에 중문을 세워서 이곳으로 드나드는 외부 사람의 눈길을 막았다. 물론 '남녀유별'을 굳게 지킨다는 뜻이다.

사진 9의 앞쪽이 마구이고 오른쪽이 사랑채이다. 몸채의 방과 방 사이에 마루를 깔고 북벽에 두짝열개의 널문을 붙였다. **(사진 10)** 마구 다락으로 오르내리기 쉽도록 통나무에 턱을 붙인 사다리를 걸어 놓았다. **(사진 11)** 큰일에 손님이 많이 모일 때는 이 다락에서 잠도 잔다. (p.93의 **사진 103, 104** 참조) 사랑채와 헛간채는 죽담집으로, 지금은 사람이 살지 않는 까닭에 시늉만 냈다.

이 집은 1975년 영남대학교의 민속원으로 걸려왔다.

12

13

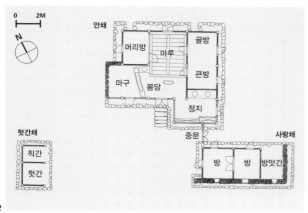

안채

머리방	마루	골방
마구		큰방
봉당		
	정지	

헛간채

| 칙간 |
| 헛간 |

중문

사랑채

| 방 | 방 | 방앗간 |

0 2M

N

2

14

15

16

사진 15는 경상북도 울릉군 북면 나리동(울릉도)의 너와집이다.(1984) 이 섬에 사람이 살기 시작한 것은 근래의 일이다. 조선 정부가 왜구의 피해를 막으려고 섬을 비워 두는 정책을 썼던 까닭이다. 태종(太宗)은 주민들을 강제로 이주시켰고(1403년 8월), 세종(世宗)도 몰래 들어온 예순여섯 명을 잡아들였다.(1438년 7월 15일) "땅이 기름지고 산물이 풍부하다는 말을 듣고 몇 년 전 봄에 몰래 들어왔다"고 하였다니 목숨 걸고 국법을 어긴 셈이다. 이 뒤에도 사람을 건네 준 뱃사공을 정배 보내고 주민들에게 매를 쳤지만 그치지 않았다.

정부는 19세기 말에야 이주를 허락하였다. 일본 사람들까지 끼어들어 자원을 약탈하자 비워 두기보다 개발하는 쪽이 낫다고 여긴 것이다. 1883년 4월에 쉰여섯 명(강원 일곱 가구, 경상 여섯 가구, 충청 두 가구, 경기 한 가구)이 들어갔으며, 1896년에는 그 수가 일천백서른네 명으로 늘었다. 그들이 귀틀집을 지은 것은 나무가 많고 짓기 쉬우며 기후에도 걸맞았기 때문이다. 이를테면 1월의 기온은 영상이

지만 눈이 3미터나 쌓이고 바람도 전국에서 가장 거세어서(최대 풍속 초당 45미터) 귀틀 구조가 아니면 견디기 어려웠던 것이다. 집 주위에 우데기를 치고 장독들과 뒷간 따위를 안에 들여앉혀서 한겨울에 집 밖으로 나가지 않는 것도 눈과 바람 탓이다.(평면도 3,『한국의 민가 연구』)

이주민의 대부분은 귀틀집에서 살았을 것이다. 울릉도에서는 이를 '투막집' 또는 '투방집'이라 부른다. '투'의 본디 소리 값은 '틀'로 귀틀의 '틀'에서 왔으며, '막'은 오막살이의 '막'일 것이다. 따라서 틀막집이나 틀방집이 투막집과 투방집으로 바뀌었을 가능성이 높다. 이 밖에 귀틀에 잇대어 붙인, 나뭇가지로 엮은 벽에 흙을 덧칠해서 꾸민 집을 '화통집'이라 한다. 식구가 늘어나는 데 따라 덧지었으며, 근래에는 벌목 금지령으로 나무가 귀해진 탓에 이렇게 짓는 일이 많았다.

이 집은 본디 너와를 덮었으나, 나무가 귀해서 반은 함석으로 대신하였다. 이곳에서는 방과 바깥에 세운 울 사이를 '우데기'라 부른다.(사진 16, 20) 방 벽에서 1.5미터쯤 떨어

17

18

3

뒤지		뒤안		
정지	큰방	머리방	갓방
장독		죽데기	

▬▬ 통나무　──── 흙벽　⌇⌇⌇ 기둥

0　　2M

19

진 데 세운 기둥들에 의지해서 둘러친 새〔茅〕나 싸리로 엮었다. 우데기와 방 사이의 공간은 '죽데기', 방 뒤쪽은 '뒤안'이라 한다. 따라서 우데기를 통해 집 주위를 돌 수 있다. 죽데기에 장독·뒤주·뒷간까지 두고 뒤안에는 땔감도 쌓아서 눈이 깊이 쌓인 겨울철에는 밖으로 나가지 않고 지낸다.(p.139의 **사진 27** 참조) 우데기는 매서운 바람이나 여름철의 뜨거운 햇살도 막는다.

죽데기는 곧 통나무의 겉을 잘라낸 널 조각으로, 산간지대에서는 담도 친다. 장보웅이 '축담'으로 적은 것은 '죽데기'를 잘못 들은 결과이다. 축담은 기단(基壇)의 다른 말이기 때문이다. 한편, 이재완은 "죽뗌이는 죽담이라고도 한다. 죽담은 대나무로 엮어 만든 담이라는 데에서 유래한 어원"이라고 적었다. 그러나 '죽담'은 막돌에 흙을 섞어서 쌓은 돌담의 사투리로, 이것으로 벽을 친 집이 '죽담집'이다. 전라북도 해안지대에서는 집 좌우와 뒤에 두른 짚으로 엮은

울을 '까작'이라 부르며, 경상도 내륙지방에서는 벽이나 담 따위에 임시로 덧붙여 지은 허술한 공간을 '까대기'라 일컫는다.

사진 19는 같은 마을의 어떤 집으로, 왼쪽은 구새굴뚝, 오른쪽은 입구이다.(1984) 건물의 옆과 뒤의 우데기는 옥수숫대로 짜고, 방과 정지 앞에 마련한 입구에는 새〔茅〕로 엮은 발(이를 '꺼적문'이라 한다)을 둥글게 말아 올렸다가 밤에만 내려서 막는다.(**사진 17**) 1950년대 이후에는 우데기를 널이나 함석으로 꾸몄고, 벌목이 금지되면서 지붕 감도 너와에서 새로 바뀌었다. **사진 18**은 뒷간이다.

사진 21은 같은 마을의 고영환 집이다.(1984) 지붕을 새〔茅〕로 덮고 집 뒤에 방풍림을 둘러서 바람을 막았다.(**사진 21, 22**) 큰방과 머리방만 귀틀로 꾸미고(**사진 27**), 정지 벽은 우데기로 대신하였다.(**평면도 4**, 『한국의 민가 연구』)

20

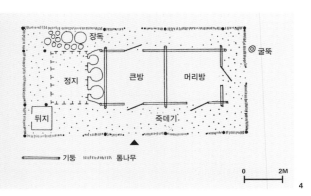

4

21

22

사진 25는 같은 마을의 허화초 집이다. 지붕에 새를 덮었다. (1984) 큰방과 갓방은 벽을 귀틀로 짰으나, 머리방은 화통 집(벽을 외가지로 엮고 흙으로 마감한 공간)이다. 귀틀은 지름 9-24센티미터의 통나무 일곱 개로 짰다.

큰방은 주인의 노부모가, 머리방은 주인 내외가 쓰며, 갓방은 혼인한 동생이 살림을 날 때까지 지낸다. 정지의 불길이 갓방에 미치지 못하는 까닭에 문 앞 한쪽에 작은 부뚜막을 붙이고 솥을 걸어서 불을 땐다. 주인은 노부모가 모두 사망한 뒤에야 큰방으로 옮긴다. 임종은 큰방에서 맞으며 제사도 이곳에서 지낸다.

아기가 태어났을 때 금줄을 큰방 앞 우데기에 친 것을 보면, 이곳을 대문으로 삼은 것을 알 수 있다. 실제로 두세 칸 집에서는 이 자리가 중앙부이다.

겨울철에는 눈이 2-3미터나 쌓이므로 장독대도 정지 한쪽에 마련한다.(사진 27) 사진 26은 갓방 앞 부뚜막의 솥이다. 문은 대살문이다.

집 한가운데 세운 너새굴뚝이 유난히 높아 보인다. 반으로 자른 통나무에 홈을 판 다음 맞물려 세웠다.(사진 25)

사진 28, 29는 지붕에 덮을 새를 엮는 장면이고, 사진 23, 24는 뒷간이다. 바람이 워낙 드센 고장이라 벽과 지붕을 굵은 줄로 얽었다.

25

26

27

28

29

30

31

32

사진 33은 경상북도 울릉군 울릉읍 사동(울릉도)의 곳간이다.(2001) 곡물 종류에 따라 갈무리하려고 칸을 넷으로 나누고, 지붕에 너와를 세 겹으로 얹었다.(사진 33, 34) 사진 32는 귀틀 곳간이고(1984), 사진 30은 겨릅대를 엮어서 담으로 삼은 옥수수 저장고이다.(1984)

사진 31은 경상북도 울릉군 울릉읍 저동리(죽도)의 옥수수

밭 매는 부부이다.(1984) 아낙이 극쟁이를 앞에서 끌고 지아비는 뒤에서 조절한다. 끄는 사람이 힘은 더 들지만, 극쟁이 다루기가 더 까다롭기 때문이다. 이랑이 좁은 옥수수밭은 소가 들어서지 못하므로 사람이 맨다.

죽도 주위는 절벽에 가까운 비탈이어서, 소를 잡으면 토막을 쳐서 사람이 지고 기어 내려와 배에 싣는다.

33

34

35

36

37

38

39

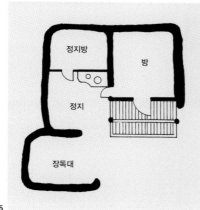

정지방

방

정지

장독대

5

40

사진 35는 경상남도 창녕군 영산읍의 박 씨 집이다.(1981) 성벽에 의지해서 세운 단칸집에 지붕은 반쪽뿐이다. 여주 인 박 씨는 이 좁은 방(사진 38)에서 아들(중학교 2학년)· 딸(초등학교 6학년)과 함께 지낸다.

방문(사진 36)은 여섯 쪽의 널을 가로 걸고 대오리 세 개를 세워서 겨우 얽었다. 그리고 앞에 널을 깔아서 들마루처럼 이용한다. 오른쪽은 뒤주이고 그 뒤와 바닥에 땔감을 두었 다. 사진 37은 부엌의 모습이다. 뒷간을 따로 둘 형편조차 못 되어 시장 안의 한뎃뒷간을 이용한다.

사진 39는 같은 마을 김 씨 집이다.(1981) 방과 정지로 이루 어진 두 칸 죽담집이다.(평면도 5) 아들(중학생)의 정지방 은 창이 없어서 갠 날에도 어둑하다. 정지방을 갖춘 집이 이 마을에 두어 채 더 있고 남해군에도 더러 보이지만, 전 라도가 본고장으로 경상도에는 흔치 않다.

방 앞에 들마루를 놓았다. 들이치는 비바람을 막으려고 정 지 앞 일부를 죽담으로 가렸다.(사진 40) 지붕에 자리를 깔 고 고추를 말리는데(사진 39), 갑자기 비라도 뿌리면 어찌 하나 괜한 걱정이 앞섰다.

사진 41은 경상남도 창녕군 창녕읍 술정리의 샛집이다. (1981, p.90의 **사진 93** 참조)

사진 42는 경상남도 창녕군 영산읍의 한 초가삼간집이다. (1981) 방 앞에 너른 퇴를 마련하고(너비 2미터), 비가 들이치지 않도록 처마 끝에 함석 차양을 달았다. **사진 43**은 정지 내부이고, **사진 44**는 방 안에 마련한 통가리이다. 감자나 고구마 따위를 갈무리할 공간이 따로 없는 집에서는 이처럼 방 윗목에 수숫대 울을 두르고 넣어 둔다.

사진 45는 같은 마을 어느 집의 나락뒤주이다.(1981) 곳간이 따로 없는 집에서는, 마당의 짚으로 둘러 꾸민 뒤주에 나락을 갈무리하다가 겨우내 나락을 다 먹으면 자연히 허물어 버린다.

사진 46은 경상남도 진주시 대곡면 유곡리의 나락뒤주이다.(1970) 대오리로 항아리처럼 짜고 위에 주저리를 덮었으며 바닥에 널을 깔았다. 높이 3.3미터에 배 둘레 1.9미터이다. 이 지역에만 있는 독특한 뒤주이다.

41

42

43

44

45

46

47

48

49

사진 47은 경상남도 창녕군 영산읍의 초가로, 왼쪽은 몸채이며 오른쪽은 헛간채이다. 방 앞에 들마루가 보인다. (1981)

사진 48의 지붕은 마룻대에 대나무를 건너지르고 양 끝에 짚을 깃봉처럼 뭉쳐 붙여서 맵시를 부렸다.

사진 49는 경상북도 경주시 강동면 양동리의 가랍집이다.(1971) 조선시대에는 종의 나이가 차면 짝을 채워서 집 곁에 초막을 짓고 내보냈다. 감시하기가 쉽고 부리기도 편

한 까닭이다. 이들의 집을 경상도에서는 '가랍집', 전라도에서는 '호지집'이라 불렀다(p.295 사진 33 참조). 종들은 아침 일찍 주인집으로 들어가 세 끼를 해결하고 밤 늦게 돌아와 잠만 잤다. 사진 55는 방과 정지 두 칸이지만, 사진 56은 단칸집이다.

사진 51은 경상남도 남해군 삼동면 설리의 집이다.(1982) 초가삼간의 전형적인 서민가옥이다. 끝방의 아궁이에 비가 들이치지 않도록 처마를 길게 이어 내렸다. 마루의 장귀

50

51

52

53

54

틀에 촉을 짓고 기둥에 박아서 고정시킨 특별한 기법이 돋보인다.(**사진 52**) 또 주추를 축대 위에 바로 놓지 않고, 볏짚을 섞어서 이긴, 높이 20센티미터의 진흙 덩이 위에 놓은 것도 예사롭지 않다.(**사진 53**) 이 섬에서는 예부터 이 방법을 썼다고 한다. **사진 54**는 아낙이 부뚜막에 불을 지피는 모습이다.

사진 50은 정지 부뚜막의 초병이다. 옛적에는 집집마다 촛밑을 해 놓고 이따금 막걸리를 보태서 키운 까닭에 집마다 초맛이 달랐다. 그리고 상에는 반드시 초 종지를 놓았다. 지에밥에 누룩 가루를 섞어서 술을 조금 붓고 부뚜막에 두면 삭아서 초가 된다. 아낙네들은 정지에 드나들 때마다 병을 흔들며 "초야 나와 살자, 초야 나와 살자"읊조렸다. 이로써 초산균이 잘 자라고 삭는 데 필요한 산소도 공급되는 것이다. 그리고 촛밑은 살림을 나는 큰아들네만 나누어 주었다. 병에 솔가지를 꽂은 것도 산소 공급을 위해서이다.

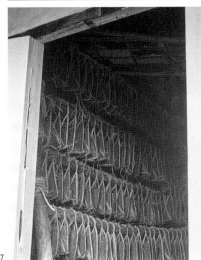

55
56
57
58

사진 58은 경상남도 고성군 하이면 와룡리 운흥사(雲興寺)의 장독대이다.(2010) 낮은 담을 두르고 수키와를 얹어서 맵시를 부린 것이 절집 장독대라고 믿기 어려울 정도이다. **사진 59**는 고성군의 한 농가의 장독대로 ㄷ자꼴의 대울을 둘렀으며, **사진 60**은 대구광역시 달성군 하빈면 묘리의 박씨 집 장독대이다. 부정을 가시기 위한 금줄(왼새끼)을 두르고 사이사이에 숯, 흰 종이 오라기, 붉은 고추 따위를 끼워 놓았다. 이 금줄은 첫 장을 뜰 때 거둔다. **사진 57**은 장 담글 메주를 띄우는 모습이고, **사진 61**은 독채로 지은 나락뒤주이다.

사진 62는 경상북도 영천시 임고면 선원리의 정 씨 집 닭둥우리이고, **사진 64**는 경상남도 함양군 마천면 추성리의 귀틀 헛간이며, **사진 63**은 같은 곳의 돼지우리이다.

사진 65는 함양군 한 농가의 외양간으로, 구유를 돌을 파서 만들었다. 수명은 오래가지만 겨울철에는 끓인 여물이 쉬식을 염려가 있다. **사진 66**은 외양간에 걸린 나무 구유이다.

59

60

61

62

63

64

65

66

67

사진 68은, 지금은 안동댐 건설로 수몰된 경상북도 안동시 와룡면 어느 집의 굴뚝이다.(1970) 잡석을 닭둥우리처럼 쌓고 연기 구멍을 위뿐 아니라 옆에도 냈다. 그 옆의 벽장 벽도 흙이 다 떨어지고 뼈대만 남았다. 사진 69도 같은 지역 어느 집의 것으로, 평평하게 쌓은 잡석 앞쪽에 연기 구멍만 마련했다. 사진 70은 경상북도 안동시 도산면 안동댐 수몰 예정지 어느 집의 굴뚝이다. 구새굴뚝을 집 밖이 아니라 안 마당 한쪽에 세웠다. 아주 드문 보기로, 처마에 건 철사를 내려서 붙박았다.

사진 71도 같은 지역에서 대문 양쪽에 세운 굴뚝으로, 파수 꾼을 연상시킨다.

사진 72는 경상남도 창녕군 영산읍 어느 집의 굴뚝이다. (1981) 죽담 양쪽에 붙인 굴뚝이 등에 업힌 아기를 닮았다.

사진 67은 경상남도 산청군 시천면 삼장리의 물레방아이 다.(1969)

68

69

70

71

72

사진 73은 경상남도 함양군 휴천면 백연리 어느 집의 돼지 뒷간이다.(2001) 사람의 똥을 먹여 키우는 돼지는 함경북도에서 제주도에 이르기까지 전국에 퍼져 있었다. 지리산 기슭인 경상남도 함양군 휴천면과 산청군의 생초면 및 신등면 일대에서는 2002년 초에 재래종 흑돼지를 뒷간에서 키웠다. 불리한 농업환경 때문이다. 농토의 대부분이 산을 깎아서 이룬 비탈 밭인 데다가 바닥도 돌 천지라 소출이 마련 없었다. 이를 해결하는 가장 좋은 방법이 돼지 똥을 거름으로 쓰는 것이었다. 이로써 사료 부족을 더는 데도 도움을 입었지만, 뒷간의 똥오줌 처리도 자연히 해결된 것이다. 거름 감은 풀이 으뜸이지만 볏짚도 좋다. 열흘에 한 번 꼴로 바닥에 깔면 돼지의 똥오줌이 섞이는 데다가 쉴 새 없이 밟는 덕분에 빨리 삭는다. 옛적에는 주로 보리밭에 냈지만, 지금은 사과·포도·감나무에 준다. 사진 73은 뒷간으로 오르내리는 사다리이고, 사진 74는 똥 누는 자리이며, 사진 75는 바닥의 돼지이다.

사진 77은 경상북도 경주시 강동면 양동리의 뒷간으로, 움집 지붕 그대로이다.(1971) 오른쪽에 거름을 퍼 나르는 두 개의 오지독이 보인다. 사진 78은 경상북도 안동시 풍천면 병산서원(屏山書院)의 한뎃뒷간이다.(2001) 지붕은 없지만 동그랗게 쌓은 돌담에 이엉을 얹은 모습이 앙증맞다. 뒷간 뒤로 낙동강 상류가 보인다. 사진 76은, 지금은 안동댐 건설로 수몰된 경상북도 안동시 예안면의 어떤 집 바깥뒷간이다. 앞이 훤히 터졌다.

76

77

78

사진 79는 경상남도 창녕군 영산면 죽사리 어느 집의 성주이고(1981), 사진 80은 이 마을의 삼신이다. 산통이 길어져서 아기가 쉬 나오지 않으면, 할머니가 우물에 가서 물을 가득 채운 자배기를 거꾸로 들어 물을 쏟으며 "한 자배기 물 쏟듯이 펄썩 낳게 해 주이소"읊조린다.

사진 82는 강원도 삼척시 신기면 대이리 이 씨 집 벽의 주문(呪文)이다.(1968) 가까이 있는 병원에도 가지 못하는 형편이라 병귀를 위협해서 쫓는 방법이 고작이었다. 다음은 눈에 삼이 서거나 다래끼가 생겼을 때 쓰는 주문이다.

右目　　　　　　　오른쪽 눈
朴氏壬申生天下太平春　임신생 박 씨는 천하가 태평한
　　　　　　　　　　봄을 맞으리라

左目　　　　　　　왼쪽 눈
爾亦不授○我目釘　네가 내 눈의 못을 빼지 않으면
我亦不授○爾目中釘　나도 네 눈의 못을 빼지 않겠다

좌목(左目)의 '목'에 꽂힌 송곳은 그의 왼쪽 눈에 다래끼나 삼눈이 선 것을 알려 준다.

사진 81은 충청남도 당진시 어느 집의 주문이다.(2001) 내용은 좌우가 같다.

爾授吾目中荊刺　　네가 내 눈에 가시를 찔렀으니
吾授爾目中荊刺　　나도 네 눈을 가시로 찌르겠다

天下泰平春　　　　천하에 태평한 봄이 오리라

坤命辛巳生　　　　곤명 신사생
眼疾大番○○　　　눈병이 곧 나으리라(?)

爾不授吾目中荊刺　너는 내 눈의 가시를 받지 않고
吾不授前目中荊刺　나는 네 눈의 가시를 받지 않는다

'곤명'은 축원문에서 여성을 가리킨다.

사진 83은 경상북도 영천시 임고면 삼매리의 정 씨네 주문이다. 눈병 치료용 주문을 수십 년 거듭 썼다.(1970)

79

80

81

82

83

84

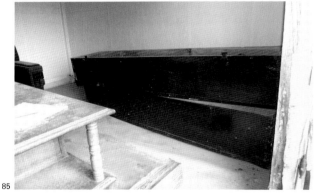

85

86

87

88

89

사진 84는 전라남도 담양군 창평면 삼천리 고씨 집성촌 어느 집의 행랑채이다.(2013) 행랑방 안에는 검은 옻칠을 해 겹쳐 놓은 관이 있다.(사진 85)

사진 87은 강원도 강릉시 운정동 선교장(船橋莊)에서 마련해 둔 관재(棺材)이다.(2002) 옛적에 노인을 모신 상류층에서는 관을 짤 목재를 미리 마련해 두는 것이 관례였다. 좋은 목재를 얻기도 어렵거니와 말리는 데도 시간이 좋이 걸린 까닭이다. 사진 88은 나무를 미리 켜서 말리는 모습이다.

사진 86은 전라북도 정읍시 산외면 오공리의 김동수 씨 집 관이다. 이처럼 관을 미리 짜 두기도 한다.(1971) 김 씨 나이가 육십대였음에도 동백기름을 먹인 천으로 관을 자주 닦았다.

전라북도 임실군의 한 농가는 미리 마련한 관을 짚으로 싸서 벽에 걸어 두었다.(사진 90)

사진 89는 전라북도 고창군에서 꽃상여를 내가는 모습이다. 황천길이 쓸쓸하다는 말이 실감난다.(1970)

90

사진 93은 경상북도 경산시 하양읍 대학리의 곳집(상엿집)이다. 삼백여 년 전부터 영천시 화북면 자천리에서 쓰던 것을 개신교의 조원경 목사가 수천만 원을 들여서 2009년에 이곳으로 걸려왔으니 대단한 일이다. 지금까지 알려진 것 중 가장 크면서도 제 모습을 제대로 갖춘 곳집으로, 중요민속문화재 제266호로 지정되었다. 사진 94는 곳집 안의 상여와 요여(腰輿)이고, 사진 95는 안에 있던 상여이다.

사진 92는 경상북도 성주군의 유림회(儒林會)가 2011년 5월, 국학연구소 대구·경북지부(지부장 황영례)에 의뢰해서 심산(心山) 김창숙(金昌淑, 1879-1962) 선생의 서거 오십 주년을 기념하는 유림장(儒林葬)을 지내는 장면이다. 추모객 천오백여 명이 참가한 행렬은 1.2킬로미터에 이르렀으며, 만장은 오백 개가 넘었다. 사진 91에서 상여 채에 올라선 상두꾼이 북을 치며 고인의 업적을 기리는 상여가의 앞소리를 메긴다.

사진 96은 경상북도 안동시 예안면 도목리의 곳집이다. (1971) 격식을 갖추어 지은 보기 드문 세 칸 기와집으로, 안동댐 건설 때 사라졌다. 상여가 없는 마을에서는 흔히 세를 내고 빌려 썼다.

91

92

93

94

95

96

평안도

사진 3은 중국 길림성 집안시 유림현(楡林縣) 영수촌(迎水村)의 김택로 집이다.(1995) 부엌에 방 둘이 이어 달린 '초가삼간'이다. 잡석으로 막 쌓은 낮은 축대에 흙집을 세우고 오른쪽 끝에 딴철(한뎃부엌)을 붙였다.(평면도 1)

아궁이가 하나뿐임에도 부뚜막에 크고 작은 솥 세 개를 걸었다.(사진 4) 부뚜막에서 오른쪽으로 꺾인 곳에 낮은 찬장이 있다.(사진 5) 부엌세간이 아주 단출하지만, 한쪽에 펌프를 박고 그 아래에 물두멍을 놓았다. 부엌 안에 두지 않으면 겨울에 얼어붙어서 물 구경조차 하기 어려운 까닭이다.(사진 1) 이러한 사정은 길림성 연변 조선족자치주 용정

시의 장재촌도 마찬가지이다.(p.32의 사진 12 참조)

주인 김 씨는 한국으로 간 아내를 따라 자신도 곧 간다며, 일자리를 구해 달라고 하였다. 이듬해 봄, 그는 서울에 왔지만 아내와 따로 지낸다면서 거듭 일자리 타령을 하였다. 그의 부탁을 들어 주지 못한 것이 지금도 마음에 걸린다. 그는 일자리를 찾은 뒤 아내와 같이 지내다가 돌아가서 집도 새로 지었을 것이다.

사진 2는 같은 마을 어떤 집의 한뎃부엌이다. 주위에 막을 치고 감자 바구니와 항아리를 비롯한 살림살이를 늘어놓아서 헛간 구실도 하는 셈이다.

1

2

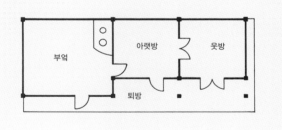

부엌   아랫방   웃방

퇴방

1

사진 6은 같은 마을 김창률 집이다.(1995) 낮은 돌담을 두른 모습은 우리네 농촌을 닮았지만 몸채는 중국식이다.(사진 7, 8) 1988년에 일만 원(元)을 들여 지었으며, 중국 일꾼 둘이 여섯 달 걸렸다. 그의 조부는 일제강점기에 황해도 은천에서 건너왔다고 한다.

몸채 가운데에 복도와 부엌을 두고 좌우 양쪽에 구들을 들였고, 추위를 덜려고 대문과 부엌 사이는 물론, 각 공간마다 벽을 치고 문을 달았다.(평면도 2)

중국식 벽돌집에 들여놓은 구들은 우리네 법식을 따랐지만 형태는 온구들이 아닌 쪽구들이다.(방 전체에 시설한 것은 '온구들', 반쪽의 것은 '반구들'이며, 잠을 자는 너비만한 것은 '쪽구들'이라 한다) 서쪽 방은 주인 내외가, 동쪽 방은 주인의 부모가, 안방은 주인의 딸이 쓴다. 노부부가 동쪽 방에서 지내는 것은 이 방에 딸린 부뚜막에서 밥을 짓거나 음식을 끓이므로 가장 따듯하기 때문이다. 집안시 일대에서 구들 앞 땅바닥을 '지실(地室)'이라 부르는 것은 옛적의 움집을 연상시킨다. 사진 9는 부엌이다.

사진 9는 안방의 쪽구들로, 너비는 1.2미터에 지나지 않는다. 사진 11은 왼쪽 벽에 붙인 옷장이다. 사진 12의 서쪽 방도 너비는 2미터이다.

사진 13은 서쪽 방 서벽의 모습이다. 낮은 장 위에 이부자리를 개어 올렸다. 손님은 서쪽 방 앞의 지실에서 접대하므로 응접실과 마찬가지이다. 부엌 사이에 작은 창을 달았다.

6

7

8

9

10

11

12

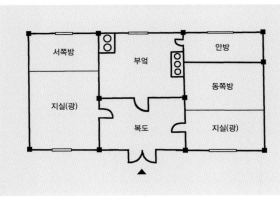

2

13

사진 14는 김 씨 집 돼지우리(왼쪽), 다락곳간(가운데), 헛간(오른쪽)이다. 살림하는 안채는 중국식 벽돌집이지만, 이들은 전형적인 평안도 식이다.

사진 15는 곳간과 광을 겸한 건물로, 전면 네 칸에 측면 두 칸이다. 사진 16, 17은 곳간의 뒤주들이다. 주인은 풍년이 들면 밭에서 옥수수 7,000킬로그램(흉년이면 5,000킬로그램), 콩 500킬로그램, 팥 50킬로그램을 거두고, 아홉 무(畝, 1무는 666제곱미터이다)의 논에서 나락 3000킬로그램을 수확한다. 정부에서는 한 사람 앞에 논은 660평, 밭은 1500평씩 나누어 주며, 십오 년마다 경작자를 바꾼다. 이 밖에 어미 소와 송아지 한 마리, 닭 열다섯 마리, 돼지 세 마리, 게사니(거위) 세 마리를 키우므로 살림은 중상에 속한다.

사진 19는 광 안의 조미료 단지이다.

사진 18은 부뚜막으로, 왼쪽이 가마솥, 가운데가 밥솥, 오른쪽이 국솥이다. 아궁이가 하나뿐이다. 선반의 바가지도 낯익다.

14

20

21

22

23

겨우내 땔감을 거두는 곳을 가족 수에 따라 정부에서 지정하며, 주민들은 의논해서 구역을 나눈다. **사진 21**에서는 주인 김 씨가 쌓아 놓은 나무가 비에 젖지 않도록 짚으로 덮고 있다. **사진 20**은 말 그대로 산더미처럼 쌓은 땔감이다. **사진 22**는 귀틀로 짠 돼지굴(돼지우리)이다. 지리산 일대에도 퍼져 있었다. **사진 23**은 한뎃부엌이다.

사진 24는 중국 길림성 집안시 영수촌 어느 집의 옥수수를 갈무리하는 다락곳간이다.(1995) 위에 옥수수를, 아래에 구유를 걸고 외양간으로 쓴다. 구유 옆에 게사니가 모여 있다. 농사가 적은 집의 다락곳간은 작다.(**사진 25**) 곳간 아래 외양간에서 소가 밤새 새김질을 하는 덕분에 쥐가 가까이 오지 못한다. 이같은 다락곳간은 옛 고구려의 문화유산으로, 5세기의 마선강(麻線江), 덕흥리(德興里), 팔청리(八淸里) 무덤 벽화에도 등장한다.

사진 26은 같은 마을 어느 집 다락곳간의 틀이다.(1995) 쥐가 드나드는 것을 막기 위해 아래쪽에 전등의 갓을 끼워 놓았다.

사진 27도 같은 마을 어느 집의 다락곳간으로, 아래쪽에 옥수수대와 진흙으로 벽을 치고 외양간으로 쓴다.

사진 28, 29는 겨울철에 감자·고구마·배추 따위를 갈무리하는 움이고, **사진 30**은 외양간이다. **사진 31**에는 다락을 올리고 농기구 따위를 둔다. **사진 32**는 돼지우리, **사진 33**은 닭장이다. **사진 34**는 문 옆에 묻은 오줌독 가리개이다. 오늘날에도 오줌은 귀한 거름인 까닭에 몸채 모퉁이에 독을 묻고 모았다가 밭으로 내간다. 사람의 눈을 가리려고 낮은 울을 둘렀다.

사진 35는 길바닥 한구석에 놓인 구새이고, **사진 36**은 구새굴뚝이다. 구새도 흔하지 않아서 **사진 37**처럼 널쪽으로 짜서 쓰기도 한다.

168

24

25

26

27

28

29

30

31

32

33

34

35

36

37

일본의 신사 앞에 '도리이〔鳥居〕'라는 성역을 나타내는 관문이 있다. 양쪽에 세운 두 개의 돌기둥 위에 가로대〔笠木〕를 건너질러 끼운 것이다. 이것이 어디서 왔는가에 대한 설이 적지 않지만, 중국 동북지방의 형문(荊門)을 본뜬 것이라는 설도 있다. **사진 41**이 그것으로, 중국 동북 삼성(길림성·요령성·흑룡강성)의 어디서나 눈에 띈다. **사진 42**의 문도 이를 닮았다. **사진 43**은 쪽나무를 세로로 댄 앞의 것과

달리 짧은 쪽나무를 가로로 잇대어서 문을 짰다.
사진 38의 아낙네들이 머리에 쓴 흰 수건과 흰 저고리는 북한 여인네들의 옛 모습 그대로이다. 얼굴에 떠오른 잔잔한 미소에 왈칵 그리움이 치솟는다. 앞뒤가 높고 가운데가 낮은 바구니도 김홍도(金弘道 1745-?)의 그림에서 보던 것이다. 이 마을 영수촌에서는 집마다 떡돌을 갖추어 놓고(**사진 40**) 수시로 떡을 친다.(**사진 39**)

38

39

40

41

42

43

44

45

46

47

평안도에서는 쟁기를 '연장'이라 부른다. **사진 44**는 중국 길림성 집안시 영수촌에서 우리 겨레붙이가 겨리소 연장을 메우고 밭 가는 모습이다.(1995) 우리 것이 중국 쟁기[犁 杖]보다 뛰어난 것을 안 중국인들 가운데 스스로 걸어서 쓰는 사람이 적지 않은 것은 여간 자랑스러운 일이 아니다. **사진 47**은 중국 길림성 집안시 양수향(涼水鄉) 해관촌(海關村)의 비커성 씨(69세)가 직접 걸은 연장이고, **사진 46**은 밭가는 장면이다.(2007) 평안도 연장은 이 마을뿐 아니라 영수향 석골촌에서도 쓴다. **사진 45**가 그것이다.

48

49

50

51

우리 겨레붙이들이 중국에 끼친 두 가지 중요한 영향을 든
다면 구들과 쟁기이다. 특히 쪽구들은 동북 삼성뿐 아니라
산동성 일대에까지 퍼졌고, 우리처럼 '온돌(溫突)'이라 부
른다. **사진 50**은 중국 산동성 문등시 교외의 어느 중국 서
민가옥의 구들로, 모자 쓴 이가 걸터앉은 데가 쪽구들이
다.(1994) 오른쪽 아래가 부뚜막으로, 음식을 끓이는 불길
로 바닥이 따뜻해진다. 구들과 부뚜막 사이에 붙인 낮은 벽

은 연기가 구들로 옮아가는 것을 막는 구실을 한다. **사진 48**
도 같은 집의 쪽구들로, 두 사람이 겨우 누울 만하다.
사진 49에는 난방을 위한 전용 화덕을 따로 붙였으며 오른
쪽에 벗은 신발을 넣는 공간을 마련하였다. **사진 51**의 연료
는 석탄이다. 중국의 석탄은 성냥으로 불을 붙여도 잘 탄
다.

경기도

사진 1은 인천광역시 강화군 삼산면 상리(석모도)의 초가이다.(1983) 바람을 막으려고 집 뒤에 숲을 가꾸고, 옆에도 바자울을 촘촘히, 그리고 단단히 둘렀다. 굴뚝 두 개를 이어 붙여서 지붕 위로 솟구쳐 올라가도록 한 것도 바람 탓이다. 용마루의 선이 뚜렷하다. 사진 2는 같은 마을의 우묵한 곳에 모여 앉은 초가들로, 둥우리 안의 병아리를 연상시킨다.(1983)

사진 3은 고양시 덕양구 홍도동 초가이다.(1982) 집은 수백 년이 넘은 느티나무에 안겨 있다.
사진 4는 인천광역시 중구 운서동(삼목도)의 초가이다.(1982) 한적한 곳에 외따로 세운 초가로, 평면은 주로 경기 서해도서에 분포하는 ㄷ자꼴이다.

1

2

3

4

5

6

사진 5는 고양시 덕양구 삼송동의 똬리집이다.(1982) '똬리집'이라는 이름은 지붕이 똬리처럼 둥근 꼴인 데서 왔다. ㅁ자 또는 튼 ㅁ자꼴 평면을 지닌 초가가 대부분으로, 주로 황해도와 경기도의 서부 및 서북지역에 분포한다. 사진 6은 멀리서 본 이 집의 똬리꼴 지붕 모습이다.

사진 7은 안산시 단원구 대부동(대부도)의 똬리집이다.(1984) 비가 새는 것을 막으려고 움푹 팬 지붕 곳곳에 볏짚을 덧덮었다. 사진 8은 마당에서 올려다본 둥근 하늘로, '하늘이 돈짝만 하다'는 말 그대로이다. 사진 9는 이 집의 뒷모습이다.

7

8

9

사진 10은 시흥시 방산동의 함석 똬리집이다.(1984) 볏짚
을 함석으로 바꾸어 덮은 탓에 지붕이 네모꼴로 바뀌었다.
사진 12는 마당에서 올려다본 하늘이다. '하늘은 둥글다'는
생각을 깨뜨리는 여덟모꼴이다. 마당이 단칸인 데다가 주
위의 처마 탓에 하늘 구멍이 가장 긴 쪽이 1.5미터에 지나
지 않는다.(평면도 1) 사진 13은 대문께에서 본 마루 쪽 모습
으로, 왼쪽이 안방, 오른쪽이 건넌방이다. 큰 냉장고와 쌀
통이 눈에 띈다. 사진 11은 안방 문(오른쪽) 쪽으로, 안방 문
외에 사잇문을 달아서 부엌으로 드나들거나 찾아온 이웃
과 대화를 나누기 편하게 했다.

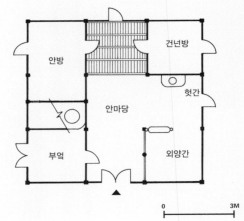

11

12

13

사진 16은 인천광역시 옹진군 덕적면 진리(덕적도)의 죽담 집이다.(1968) 안방과 사랑방 사이에 부엌이 있다. 굴뚝 아 랫도리에 돌을 두툼하게 쌓고 함석을 둥글게 말아서 박았 다. 사진 17은 죽담에 낸 창이다. 네모 틀에 듬성듬성 빗살 을 박았다. 그나마 틈새 바람을 막으려고 비닐을 덧씌워서 안은 대낮에도 어둑하다. 사진 18은 이 집의 옆모습이다. 처 마를 돌리지 않은 탓에 지붕 끝이 풀어헤친 머리처럼 어수 선하다.

사진 19는 인천광역시 옹진군 북도면 장봉리(장봉도)의 죽 담집이다.(1984) 방과 부엌으로 이루어진 두 칸 초가이다. 굴뚝 보호를 위해 날개를 두둑하게 둘렀다.

사진 14, 15는 고양시 덕양구 화정동의 죽담집이다.(1983) 세월이 지나면서 맞은 비바람 탓에 흙은 떨어져 나가고 돌 뼈대가 드러났다. 돌과 흙을 한 켜씩 엇바꾸어 가며 쌓은 탓에 비바람을 견디기 어렵다. 이러한 집은 처마가 깊을수 록 좋다.

14

15

16

17

18

19

20

사진 20은 인천광역시 옹진군 영흥면 외리(영흥도)의 함석
집이다.(1984) 사랑방 앞퇴는 경기도 집이 지닌 특징의 하
나이다.

사진 21은 인천광역시 강화군 하점면 창후리(강화도)의 초
가이다.(1984) 이 집도 부엌을 방과 방 사이에 두었다. 동
쪽의 사랑방은 앞의 외여닫이로 드나들지만 안방은 부엌
을 거쳐야 한다. 안방에 헛간을 이어 붙였고, 한뎃부엌·장
독대·김치광 따위를 한 곳에 모았다.(사진 22) 뒷간은 신석
기시대의 움집을 연상시킨다.(사진 23)

21

22

23

사진 24는 안산시 단원구 대부동(대부도)의 초가이다. 공간이 워낙 모자라서 부엌 뒤쪽을 반 칸 늘리고 문을 따로 달았다.

사진 25는 인천광역시 강화군 내가면 구하리(강화도)의 ㄱ자 담집이다.(1982) 바람을 완전히 막기 위해 방에 외여닫이와 창만 달았다.

사진 26은 인천광역시 중구 운서동(삼목도)의 ㄱ자집이다.(1982) 1933년에 지은 집으로, 이 지역의 전형적인 ㄱ자집이다. 비바람을 막기 위해 거름방과 나무광 사이에 벽을 치고 널문을 달아서 마루가 아주 어둡다.(**평면도 2**)

사진 29는 평 4량으로 꾸민 마루 천장이다. 바람을 피하려고 지붕을 낮추어서 거의 평면으로 이루어졌다. **사진 27**은 거름방 전면이다. 문을 붙이지 않고 채광을 위한 살창만 달았다. 아궁이는 함실아궁이이다. **사진 28**의 왼쪽은 돼지우리, 오른쪽은 닭장이다.

24

25

거름방 　 안방

부엌

나무광

0　　　　5M

30

사진 30은 인천광역시 강화군 삼산면 상리(석모도)의 ㄱ자 담집이다.(1982) 들이치는 비바람으로부터 흙담을 보호하려고 처마에 눈썹차양을 붙이고 부엌 외벽 아랫도리를 두툼하게 덧발랐다.

사진 31은 인천광역시 옹진군 덕적면 진리(덕적도) 어느 집의 뒷간으로, 땅에 묻은 항아리 위에 널쪽을 이어 붙여서 벽으로 삼았다.

사진 32는 이천시 백사면 어느 마을의 원두막으로, 우리네 옛집 자취를 간직한 귀중한 자료이기도 하다.(1980년대 초)

사진 33은 인천광역시 강화군(강화도)의 어느 초가집의 고즈넉한 뒤란이다. 속옷 따위가 남의 눈에 띄는 것을 꺼린 탓으로, 지붕보다 높은 장대에 빨랫줄을 걸었다. 흙담집이라 들이치는 비를 막으려고 짚으로 뜬 자리(오른쪽)를 세웠다.

사진 34는 인천광역시 옹진군 덕적면 진리(덕적도)의 초가이다.(1982) 바람에 연기가 내는 것을 막으려고 굴뚝 자리에 흙벽돌로 낮은 담을 쳤다.

31

32

33

34

35

36

192

사진 35는 인천광역시 중구 운서동(삼목도)의 기와집이다.(1984) 경기 서해도서에서는 보기 드물게 팔작지붕에 양기와를 덮었다.

들이치는 비바람을 줄이려고 마당 위에 틀을 놓고 비닐을 덮었다.(사진 36, 37) 경기 서해도서 지역의 비바람이 얼마나 센가를 보여 주는 좋은 보기이다. 창 앞에 덧붙인 널로 짠 여닫이도 마찬가지이다.(사진 38) 사진 39는 마루 한쪽의 선반에 모신 성주이다.

40

41

사진 40은 인천광역시 강화군 화도면 장화리(강화도)의
ㄱ자집이다.(1983) 방과 부엌으로 이루어진 두 칸 집으로,
방 앞에 반 칸 크기의 헛간을 이어 붙였다. 사진 41은 이 집
의 뒷모습으로, 방에 '아(亞)'자살 유리문을 달았다. 굴뚝
이 유난히 우뚝하다.

사진 42는 이천시 백사면 도립리의 ㄱ자집이다.(1984) 안
방 앞에 퇴를, 건넌방 앞에 마루를 붙였다.(평면도 3) 마루
에 찬장을 비롯한 세간을 두었다.(사진 43)
사진 44, 45는 고양시 덕양구 홍도동의 반기와집이다.(1983)
바깥채는 초가 그대로 두고, 안채에만 함석을 덮었다.

42

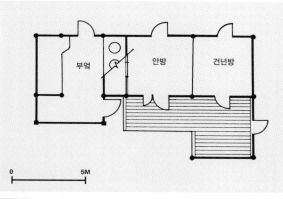

부엌   안방   건넌방

0   5M

3

43

44

45

46

47

48

49

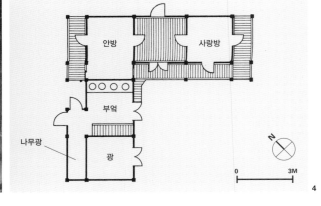

4

안방 　 사랑방

부엌

나무광 　 광

0　　　3M

N

50

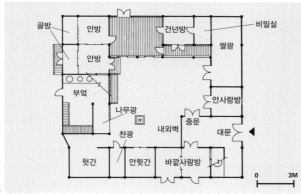

5

51

사진 46은 인천광역시 옹진군 덕적면 북리(덕적도)의 ㄱ자
집이다.(1983) 마루·사랑방·안방 서쪽에 퇴를 놓았다. 광
에 붙인 부엌퇴도 아주 보기 드문 보기이다.(평면도 4) 마루
에 세살을 먹인 두짝열개의 널문을 달았다.(사진 48) 바람
탓이지만 중부지역에서는 좀처럼 마루 앞에 문을 달지 않
는다.

사진 47은 마루이다. 오른쪽에 뒤주가 있다. 뒤쪽 위에 선반
을 매고 기물(器物)을 올려놓은 것도 눈에 띈다. 뒤주 뒤에
조상의 신위를 모시는 벽감을 설치하였다. 사당을 따로 갖

추기 어려우면 이곳에 신위를 모신다. 부엌의 부뚜막 위도
오밀조밀하게 꾸몄고, 솥 뒤에는 조왕 주발을 놓았다.(사진
49)

사진 50은 인천광역시 옹진군 북도면 장봉리(장봉도)의
ㅁ자집이다.(1983, 평면도 5) 1903년에 지은 집으로, 주인
윤상균 씨의 부친이 1938년에 백이십 원에 샀다. 본디 초가
이던 것을 1978년에 함석으로 바꾸었다. 길상(吉祥)을 바
라는 뜻에서 마루와 축대 사이를 막은 널에 『주역(周易)』
의 괘를 새겼다.(사진 51)

52

53

54

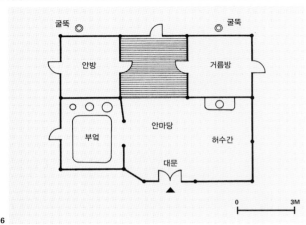

6

198

55

56

57

사진 52는 시흥시 방산동의 ㄷ자집이다.(1983) 경기도의 전형적인 ㄷ자집이다.(**평면도 6**) 부엌에 바람이 들지 않도록 널문과 창을 달았으며(**사진 53**), 문도 창도 두꺼운 널로 짰다.

사진 54는 부엌의 부뚜막으로, 왼쪽의 석유풍로는 1970년대부터 전국에 퍼졌다. 국산이 나오기 전이라 은행을 비롯한 각 기관에서 다투어 일본산을 들여왔다.

사진 55는 안산시 단원구 초지동의 ㄷ자집이다. 잡석의 축대를 쌓고 집을 앉혔다. **사진 57**은 뒷모습이고, **사진 56**은 건넌방 아궁이이다.

58

59

60

사진 58은 인천광역시 옹진군 영흥면 외리(영흥도)의 ㄷ자 집이다.(1983) 바람이 얼마나 매서운지 집 뒤에 바람막이 숲을 두고도 앞에 날개로 짠 담을 세웠다. 사진 59는 마루이다. 이층장과 잡곡 뒤주, 그 위의 백항아리는 짭짤한 살림임을 알려 준다. 달항아리와 오른쪽의 돈궤도 돋보인다. 달항아리 왼쪽은 성주독이다. 사진 60은 외양간으로, 겨울철의 소를 위해 문도 모자라서 창까지 달았다.

사진 61은 인천광역시 옹진군 덕적면 진리(덕적도)의 돌기와집이다.(1983) ㄷ자꼴 지붕에 돌기와를 얹었다. 생김새가 각각인 데다 크기도 달라서 지저분한 느낌을 준다. 사진 64는 이 집의 앞모습이다. 사진 65도 이 마을의 돌기와집이다.

사진 62는 김포시 월곶면 개곡리의 돌기와집이다.(1983) 공윤석 씨는 1967년에 열두 칸 집을 새로 지으면서 육만오천 원을 들여 돌기와를 얹었다.(목수 하루 삯은 육천 원이었다) 조선기와를 얹기에는 재목이 약하고 슬레이트로 덮는 비용 사만오천 원에 견주면 훨씬 유리했던 까닭이다. 돌은 충청남도 공주의 기술자가 제천에서 날라 왔다. 사방 1미터쯤에 두께 6-9밀리미터의 판돌을 마당에서 망치로 깬 다음, 그 조각을 처마에서부터 덮어 올라갔다. 기술자 둘이 이틀에 마쳤다. 사진 63은 돌기와를 가위로 수공지 오리듯 가지런히 다듬어 얹어서 물고기 비늘을 연상시킨다.

61

62

64

63

65

66

67

69

68

70

71

72

사진 66은 인천광역시 옹진군 영흥면 내리(영흥도)의 반기 와집이다.(1982) 안채에는 양기와를, 사랑채에는 짚을 덮었다. 이처럼 안채나 사랑채 어느 한쪽에 기와를 얹은 집을 경기 서해도서 일대에서는 '반기와집'이라 부른다. 평면은 튼 ㅁ자꼴이다. 사진 67은 사랑채 전면이다. 사랑방 앞에 퇴를 붙여서 오가는 사람과 이야기 나누기가 편하다. 이러한 구조는 경기도와 충청남도에 흔하다. 사진 68은 이 집 안방

문으로, 세살을 먹인 외여닫이 외에 작은 문을 붙이고 살창까지 마련하였다. 사진 69는 부엌으로, 찬장을 높다랗게 가로 붙이고 아래쪽에 작은 선반을 마련하였다.
사진 70, 72는 시흥시 인현동의 반기와집이다.(1984) 사진 72는 사랑채와 안채의 모습이다. 안채와 사랑채 사이에 샛문을 달았다. 이 집처럼 퇴를 방 앞이 아니라 옆에 붙이는 일은 매우 드물다. 사진 71은 대청이다.

73

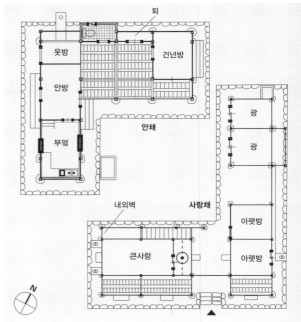

평면도 7

사진 73은 고양시 덕양구 흥도동 어느 집의 사랑채 퇴이다.(1982) 노인들이 퇴 앞에 앉아 따뜻한 봄볕에 해바라기를 하면서 이야기를 나눈다. 마을의 공론은 이러한 자리에서 나오게 마련이다.

사진 74는 화성시 서신면 궁평리의 정용래 집이다.(1995) 사랑채 방마다 앞에 퇴를 놓은 덕분에 방 주인은 지나던 사람 누구와도 세상사에 대한 이야기를 나눌 수 있다. 나도 사진의 주인공과 함께 퇴에 앉아 이 집에 대한 이런저런 내용을 물었다. **사진 75**는 이 집의 ㄱ자꼴 안채이다. 대청 왼쪽이 안방, 오른쪽이 건넌방이다.(**평면도 7**) 건넌방 앞에 누마루를 놓았다.(2003)

사진 76은 사랑채에서 안채가 보이지 않도록 세운 내외벽이다. 방과 벽 사이가 워낙 좁은 데다가 눈곱창 하나뿐이어서 여름철에 통풍이 되지 않는 결점이 있음에도 이른바 '양반 행세'를 위해 마련한 것이다. **사진 77**은 안마당에서 본 내외벽으로, 한가운데에 작은 살창을 붙였을 뿐이다. 그러나 2008년에 갔을 때는 이 벽이 보이지 않았다.(**사진 78**) 문화재청이 중요민속문화재로 지정된 이 집을 보수한답시고 없앤 것이다.

74

75

76

77

78

79

사진 79는 이천시 백사면 도립리 어느 집의 장독대이다. (1985) 장독대를 높직한 돌담으로 둘러 놓았다.

사진 80은 같은 마을 어느 집의 장독대이다.(1981) 장독에 버선본을 붙인 것은 되쏘는 빛을 싫어하는 지네 따위의 다족류(多足類) 벌레를 쫓기 위해서이다. 버선본을 거꾸로 붙인 까닭도 마찬가지이다. 이를 에둘러서 '버선본을 붙여야 장맛이 난다'고 이른 옛 분네들의 슬기가 놀랍다. 바로 말했더라면 아무도 곧이듣지 않았을 것이다. 왜 버선본인가. 그때는 누구든지 버선을 신어서 어느 집에서나 흔한 것이 그것이었다. 그리고 거꾸로 붙인 것은 햇볕을 그만큼 더 받는 효과도 있다.

사진 83은 같은 마을 구 씨네 장독이다.(1981) 불순물과 냄새를 없애려고 불에 달군 참숯과 말린 붉은 고추를 넣었다. 콩의 원산지는 옛 고구려 영토 남부이며, 고구려에서는 이를 '미순'이라 불렀고, 일본으로 건너가서 오늘날의 '미소'로 바뀌었다. 규슈 구마모토 시(雄本市)에 이를 기리는 된장신사가 있다. 사진 84는 같은 마을 어느 집 부뚜막 위에 메주를 달아 매고 띄우는 모습이다.(1981)

사진 81, 82는 여주시 북내면 천송리 신륵사(神勒寺)의 장독이다.(1985) 옹기장(甕器匠)이 스스로도 대견스러웠던지, 손가락으로 하나에 '대기(大器)', 다른 하나에는 '구(龜)'자를 그렸다. '대기'는 그렇거니와, 활달한 필체의 '구'자는 솜씨가 놀랍다.

80

81
82

83

84

85

86

88

87

89

사진 87은 이천시 백사면 도립리 어느 집의 부뚜막이다. (1982) 솥 아래의 돌이 불돌이다. 아궁이에 불을 넣으면 이 것으로 막아야 온기가 오래 간다. 오른쪽에 개수통이 보인 다.

사진 85는 인천광역시 강화군 내가면 외포리(강화도) 어느 집의 부뚜막이다.(1988) 왼쪽부터 가마솥·중솥·옹솥이 다. 소댕에 모두 꼭지가 달렸다. 솥 위로 보이는 네 개의 쇠 문은 고래 청소용이다.

사진 88은 이 마을 어느 집의 함실아궁이이다. 솥을 걸지 않 고 불만 때는 아궁이를 이렇게 부른다.

사진 86은 같은 마을 어느 집의 가마솥에서 김이 솟아오르 는 모습이다.

사진 90, 91은 같은 마을 어느 집의 한뎃부엌이다. 여름철에 는 아궁이에 불을 지필 수 없는 까닭에 임시 부뚜막을 부엌 앞이나 마당 한쪽에 따로 세운다. 혼인이나 제사로 사람이 많이 모일 때도 이용한다.

사진 92는 인천광역시 옹진군 영흥면(영흥도) 어느 집의 한뎃부엌이다.(1983) 연기가 잘 빠져서 불이 잘 타도록 높 직한 굴뚝을 세웠다. 앞쪽에 잉걸불을 떠 옮기는 부삽이 보 인다.

사진 93은 이 마을 어느 집의 한뎃부엌이다.(1983) 왼쪽은 양철통으로, 오른쪽은 쇠를 부어서 만들었다. 두 개 모두 불길이 위로 솟지 않도록 눈썹차양을 달았다.

사진 89는 이 마을 어느 집의 불돌이다.

94

95

96

사진 94는 고양시 덕양구 홍도동 정 씨 집의 부엌세간이다.(1982) 부엌 바깥벽에 걸린 여섯 개의 체는 곡식 종류와 쳇불 크기에 따라 골라 쓸 수 있어 편리하다. 이 집 아낙네의 짭짤한 살림 솜씨가 엿보인다.

사진 95는 이 마을 어느 집의 부엌세간이다.(1982) 들창 오른쪽 벽에 걸린 쳇다리는 맷돌 받침으로도 쓴다. 선반 위에 참새처럼 나란히 놓인 작은 단지들이 앙증맞다.

사진 96은 인천광역시 중구 을왕동(용유도) 한 농가의 체이다.(1983) 굽은 들보에 여러 개의 체를 걸어 놓았다. 단순한 문살이 눈을 끈다.

사진 97은 화성시 반월동의 어느 집에서 수수 털기하는 모습이다.(1968) 안마당에 앉아서 수숫대의 알갱이를 떠는 아낙네들을, 문밖의 소도 궁금한 듯 머리를 돌려 쳐다본다.

사진 98은 안산시 단원구 대부동(대부도) 어느 집의 외양간이다.(1982) 외양간 바깥쪽 아래에 안에서 흘러나오는 지랑물을 받으려고 구멍을 냈다. 소의 오줌똥이 섞인 까닭에 훌륭한 거름이 된다.

사진 99는 고양시 일산서구 일산동 어느 집의 뒷간이다.(1969) 뒷간 지붕의 박 덩굴이 여간 탐스럽지 않다.

사진 100은 안산시 단원구 대부동(대부도) 어느 집의 뒷간이다.(1982) 주위에 날개로 울을 둘렀을 뿐 지붕이 없다. 이러한 뒷간은 전라남도 서해안을 거쳐 충청도와 경기도 일대에 퍼져 있는 독특한 유형이다.

사진 101은 파주시 광탄면 용미리 어느 집의 뒷간이다.

(1982) 아궁이에서 나온 재를 부춛돌 뒤에 모아 놓았다가 똥 누고 나서 버무려 두면 좋은 거름이 된다. 냄새도 없거니와 벌레도 꾀지 않는 까닭이다. 20세기 초까지 이를 내다 팔기도 하였다.

사진 102는 같은 마을 어느 집의 오줌독이다.(1965) 들고 나는 사람의 오줌을 모으려고 문 한쪽에 독을 묻었다. 농사에 열심인 사람은 남의 집 사랑채에서 놀다가도 오줌이 마려우면 제 집으로 달려갔다.

사진 103은 인천광역시 옹진군 덕적면 진리(덕적도) 어느 집의 뒷간이다.(1968) 이 섬에서 제일가는 부잣집임에도 주위를 돌로 둘렀을 뿐이다.

98

사진 104는 인천광역시 강화군 교동면 읍내리(교동도) 어느 집의 다락방이다.(1983) 한 귀퉁이에 올린 다락방이 망루처럼 보인다. 사진 105는 이 마을의 다락집으로, 일본 양식이다. 우리는 본디 다락집을 짓지 않았다.

사진 106-112는 이천시 백사면 도립리의 문이다.(1982) 사진 106은 문틀에 지게 작대기 굵기의 나무를 촘촘히 세웠다. 사진 107은 외짝 널문이다. 사진 108은 띠 위에 쪽나무를 세우고 그 아래는 가로 걸어서 변화를 주었다. 오른쪽이 아래로 쳐진 것은 이쪽을 자주 여닫는 탓이다. 사진 109도 위는 여닫이창이고 아래는 외여닫이문이다. 사진 111의 바자문은 넓적한 대오리를 물고기 비늘처럼 엮어서 짠 아주 드문 문이다. 사진 110의 널문은 문 얼개 가운데 두 개의 띠를 매고 좁은 쪽나무들을 세웠다. 오른쪽이 아래로 쳐지면서 쪽나무 서너 개가 씰그러졌다. 사진 112의 대살문은 가는 대오리를 마름모꼴로 엮어서 짜고 안쪽에 한지를 발랐다. 한 마을의 문이 이처럼 다양한 것은 놀라운 일이다.

104

105

106

107
108

109

110

111

112

113

114

115

116

117

사진 113은 인천광역시 강화군 삼산면 석모리(석모도) 어
느 집의 들창이다.(1982) 반쯤 연 들창문을 짧은 작대기로
괴었다. 들창은 위로 들어서 여는 창이다. 코끝이 위로 들
려서 콧구멍이 드러나 보이는 코, 또는 그렇게 생긴 사람을
'들창코', 눈꺼풀이 들창처럼 위로 쳐들려 있는 눈을 '들창
눈'이라고 한다.

사진 114는 인천광역시 옹진군 북도면 장봉리(장봉도) 어
느 집의 들창이다.(1982) 사진 115도 이 마을 다른 집의 들
창이다. 작대기 대신 들보에 연결된 끈에 고리를 걸어서 들
어올렸다. 사진 116은 들창을 번쩍 치켜 올렸다. 사진 117은
여닫이를 열어 놓은 모습이다.

118

119

120

사진 118은 인천광역시 옹진군 덕적면(덕적도) 어느 집의
미닫이창이다.(1968) 골 홈을 따라 옆으로 밀어서 연다. 오
늘날에는 이를 '미서기'라고도 한다. 같은 마을의 널창은
두 짝의 여닫이를 너른 창밖에 붙였다.(**사진 119**)

사진 120은 인천광역시 강화군 양사면 인화리(강화도) 어
느 집의 널창이다.(1982) 세찬 비바람을 막기 위해 나무로
짠 두 짝의 여닫이창을 붙였다.

121

122

123

사진 121은 인천광역시 옹진군 영흥면 외리(영흥도) 어느 집의 벼우랑이다.(1986) 가을걷이 때 거둔 나락을 갈무리하려고 대문 곁에 세운 뒤주이다. 소출이 많으면 뒤주를 따로 세우지만, 그렇지 않으면 이처럼 문간이나 퇴 한 끝에 붙여 마련한다. '우랑'은 곳간의 사투리이다.

사진 123은 고양시 덕양구 원신동 한 농가의 마당이다.(1982) 곡식 알갱이를 마당에서 터는 농민은 마당 간수에 여간 신경을 쓰지 않았다. 거울처럼 매끈해야 쓸어 담기 쉬운 까닭이다. 비 오는 날 마당에서 함부로 걸어 다니면 불호령이 떨어지게 마련이었다. 이 집에서도 대문 앞마당에 흙을 덧바르고 바짝 마르기를 기다리고 있다. 바닥에 천을 깔아서 보존하는 집도 있다.(사진 122)

사진 124는 인천광역시 강화군 양사면 인화리(강화도) 어느 집의 벽이다.(1982) 1980년대까지도 농촌에서는 흔히 이장 집에서 전보 및 전화 통화를 다루었으며, 매달아 놓은 우체통에 편지도 받고 간단한 약품도 팔았다. 이 집에서는 점방까지 겸하였다. 사진 126은 이 마을 다른 집의 벽으로, '부(富)·귀(貴)·공(功)·명(名)' 네 글자를 꾸며 넣었다.

사진 127은 인천광역시 옹진군 영흥면 외리(영흥도) 어느 집의 벽이다.(1984) 낡은 지게 가지를 나란히 걸고, 그 위에 가마니 예닐곱 닢과 대발을 얹어 놓았다. 슬기로운 발상이다. 사진 125는 이 마을 어느 집의 벽장이다. 집이 워낙 좁으면 이처럼 벽 밖으로 벽장을 매기도 한다. 굵은 나무 세 개를 알맞게 다듬어서 받침으로 삼았다.

124

125

126

127

사진 128은 인천광역시 강화군 삼산면 상리(석모도) 어느 집의 울이다.(1984) 볏짚을 이엉처럼 엮고 새끼줄을 마름모꼴로 얽어서 붙박은 매우 드문 울이다.

사진 129는 이천시 백사면 도립리 어느 집의 바자울이다.(1982) 대오리를 마름모꼴로 엮고 통대나무를 대고 묶었다.

사진 130도 이 마을 다른 집의 바자울이다. 사람 키만 한 참나무를 잎이 달린 채로 막 베어서 촘촘히 세우고 띠를 둘러 동였다. 오래 지나서 바짝 마르면 급한 대로 뜯어서 불쏘시개로도 쓴다. 두르기는 쉽지만 화재에 약한 것이 흠이다. '울섶'이라고도 한다.

사진 131은 인천광역시 중구 운서동(영종도) 어느 집의 수숫대 울이다. 수숫대를 엮어서 둘렀다.(1984)

사진 132는 인천광역시 옹진군 덕적면 북리(덕적도) 어느 집의 쪽널 울이다.(1968) 좁고 긴 쪽널을 촘촘히 세워서 담으로 삼았다.

사진 133은 안산시 단원구 대부동(대부도) 어느 집의 수숫대 울이다.(1982) 듬성듬성 박은 긴 말뚝에 의지하여 사이사이를 줄로 엮었다.

사진 134는 고양시 덕양구 원신동 어느 집의 싸리울이다.(1982) 이름 그대로 싸리를 엮어서 세웠다.

사진 135는 이천시 백사면 도립리 어느 집의 돌각담이다.(1982) 흙을 쓰지 않고 돌로만 쌓은 담으로, '강담'이라고도 한다. 옛적에는 성벽도 이렇게 쌓았다.

사진 136도 이 마을 다른 집의 돌각담이다. 호박 덩굴이 휘감고 돌아서 농촌다운 정취가 물씬 풍긴다.

128

129

130

131

132

133

134

135

136

137

138

사진 137은 인천광역시 강화군 삼산면 상리(석모도)의 고 씨 집이고, **사진 138**은 이 집의 문간채이다.

사진 142는 이천시 백사면 도립리의 구 씨 집이다.(1981) 오른쪽이 마루 한쪽에 마련한 상청으로, '궤연'이라고도 한 다. 사람이 죽으면 세 해 동안 상청을 차리고 혼백을 받든 다. 효자는 아침저녁으로 문안 드리는 외에 아침과 저녁도 올렸다. 삼 년이 지나면 신위를 사당에 모신다. 보통 때는 광목으로 짠 휘장으로 가리며(**사진 139**), 조석 공궤 때만

열어젖힌다.(**사진 140**) 안쪽의 망자 사진도 보통 때는 한지 로 가린다.

사진 141은 이 마을 어느 집의 벽감(壁龕)이다.(1981) 사당 을 따로 갖출 형편이 못 되면 마루 벽 위에 마련한 감실에 신위를 모시고 명절에 차례를 올린다.

사진 143은 이천시의 한 농촌마을에서 정월대보름에 우물 고사를 지내는 장면이다.

139

140

141

142

143

144

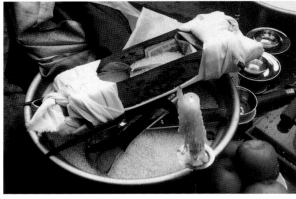

145

146

사진 144는 안산시 단원구 대부동(대부도)의 성주굿 장면이다.(1984) 집을 새로 짓거나 다른 집으로 이사할 때 집지기 가운데 으뜸인 성주신을 새로 모시는 굿이 성주굿이다. 무당이 주인에게 자손대대로 부귀영화를 누리라는 축복의 공수를 내린다.

사진 145는 이 굿에 쓰는 작두이다. 날이 무디면 신의 벌역(罰役)이 내린다며 무당 자신이 날이 시퍼렇게 설 때까지 숫돌에 대고 열심히 간다. 작두는 흔히 쌀을 담은 말 위에 놓는다. 사진 146은 무당이 자신의 영험을 보이려고 작두날 위에 올라선 모습이다.

사진 151은 김포시 고촌읍 향산리 어느 집의 성주이다.(1983) 성주 신체는 곳마다 다르다. 이곳에서는 들보에 걸어 놓은 베 헝겊을 성주로 받든다. 사진 152도 같은 마을 어느 집의 성주로, 베 헝겊을 반으로 접고 끝을 모아 묶었다.(1983)

사진 153은 같은 마을 어느 집 마루 귀퉁이에 놓인 성주독이다.(1983) 신체인 독 안의 쌀은 해마다 햇곡으로 바꾸어 넣는다.

사진 147은 안산시 대부동(대부도) 어느 집의 엄나무 가지이다.(1983) 가시가 촘촘히 돋친 엄나무 가지를 문 상인방에 걸어 두면 악귀가 겁을 먹고 달아난다고 한다.

사진 148은 같은 마을 어느 집 대문에 걸어 놓은 범게이다.(1983) 산 채로 엄나무 가지에 달아맸다가 죽은 뒤에도 그대로 둔다. 들어오려는 악귀를 앞다리로 잡는다는 뜻이다. 중국과 일본의 일부 지역에도 같은 풍속이 있다.

사진 149는 파주시 문산읍 어느 집의 금줄이다.(1984) 1945년 한국인의 평균 수명은 사십 세였다. 갓난아기의 사망률이 그만큼 높았던 탓이다. 이 때문에 해산을 하면 잡인이 드나드는 것을 막기 위해 아들이면 고추를, 딸이면 청솔가지를 꿴 금줄을 가로 걸었다. 아이 못 낳은 여인이 고추를 달여서 마시면 아들을 낳는다고도 한다.

사진 150은 문 상인방에 붙인 부적이다. '불(佛)·만(卍)·호(虎)'라고 적었다. 이것은 절에서 나누어준다.

147

148

149

150

151

152

153

사진 154는 안산시 단원구 대부동(대부도) 어느 집의 업이다.(1983) 업은 가정의 부귀를 맡은 지기이다. 부와 귀는 늘어날수록 좋은 까닭에 주저리도 해마다 덧씌워 나간다. 신체는 주저리 안에 놓은 독 안의 나락이다.

사진 155는 이천시 장호원읍 어느 집의 업이다.(1982) 주저리에 두른 줄에 색색 헝겊을 잡아매어 꾸몄다. **사진 156**은 업의 신체이다. 집안이 잘되려면 나락이 늘어나고 그렇지 않으면 줄어든다고 한다. 나락은 해마다 햇곡으로 바꾼다. 독에 동전을 넣기도 한다.

사진 157은 고양시 덕양구 흥도동 정 씨네 업이다.(1982) 정 씨(1982년에 83세)는 구렁이업과 족제비업을 섬긴다. 구렁이업은 연자방앗간 지붕에, 족제비업은 장작더미 안에 깃들여 있다. 1983년 연자매를 산 사람이 방앗간을 뜯어가려 할 때도 업을 지키려고 막았다. 이태 뒤 트랙터를 들

여놓으려고 헐자, 정 씨 어머니 꿈에 업이 나타나 "왜 내 집을 없앴느냐?"고 원망하더니, 그 뒤 우환이 끊이지 않았고 정 씨 형도 죽었다.

업족제비 보호를 위해 장작을 땔 때면 반드시 그만큼 다시 쌓는다. 업족제비는 일반 족제비와는 달리 노란빛이 돌고 주둥이가 희며 긴 수염이 달렸다고 한다. 사진의 것은 대청 뒷문 한쪽의 정 씨 업이다.

사진 158은 인천광역시 옹진군 덕적면(덕적도) 북리의 김 씨 집 입춘첩이다. "산과 같은 수(壽)를 이루고 바다와 같은 부(富)를 누리다(壽山富海)"라는 뜻이다.

사진 160은 남양주시 수동면 외방리 어느 집 외양간의 삼신이다.(1982) 강원도 서부와 경기도 포천시 일대에서는 외양간지기의 신체로 가운데가 자연히 뚫린 돌을 섬긴다. **사진 159**는 외양간지기의 신체이다.

156

157

158

159

160

161

162

사진 163-165는 남양주시 수동면 외방리의 볏가릿대이다.(1970) 볏가릿대는 농가에서 정월 대보름날, 여러 가지 곡식을 싸서 대나무나 소나무 장대에 달아매는 풍속이다. 대보름에 새해 들어 처음으로 달이 가득 차듯이, 소원도 그렇게 이루어진다고 믿는다. 장대의 곡식은 농사를 시작하는 2월 초하루에 내려 살피며, 그 사이에 비를 맞아 불어난 것은 풍년이 든다고 한다. 충청도에서는 '노적가리', 전라도에서는 '농사장원기' 또는 '낟가릿대'라 부른다.

사진 161은 안산시 단원구 대부동(대부도) 어느 집에 쌓아 둔 장작이다.(1985) 1950년대 말까지도 서울을 비롯한 대도시의 겨우살이 준비는 김장 마련과 장작 패기였다. 여유가 있으면 늦가을에 장작시장에서 길이 50센티미터쯤의 통나무를 사서 쟁여 놓았다가 나무 패는 동아리들을 불러 때기 쉽도록 가늘게 쪼개서 담을 따라 쌓는다. 때가 되면 어김없이 도끼장이와 톱장이 두셋이 "장작 패시오" 외치며 다녔고, 단골 삼아 해마다 찾기도 하였다. 따라서 쌓아 놓

은 장작만 보아도 그 집 살림살이 형편을 알 수 있었다.

서울의 나무시장에서는 쪼갠 장작도 팔았다. 두 쪽으로 낸 장작을 다섯 개씩 늘어놓아 '우물 정(井)'자꼴로 백 개씩 잰 것은 '한 강다리', 차곡차곡 가로 세로 여섯 자씩 쌓은 것은 '한 평'이라 불러서 사고파는 단위로 삼았다. 가난한 이들은 아침마다 시장에서 이십여 개비를 묶어 놓은 단장작이나 솔가리를 사서 썼다. 서울의 나무시장은 북쪽에서 들어오는 것을 파는 서대문의 영천시장과, 동남쪽의 동대문시장이 대표적이었다. 서해도서 일대의 것은 배에 실려 인천으로 들어왔다.

사진 162는 같은 지역의 청솔가리 동이다. 여유가 없으면, 미처 마르지도 않은 청솔가지를 땠다. 이것을 따로 세울 수 있도록 세 군데로 묶은 것이 동나무이다. 연탄이 퍼지기 전인 1950년대 중반 이전에는 도회지에서도 이것을 사다가 음식을 끓이고 난방도 하였다.

163

164

165

166

167

사진 166은 인천광역시 옹진군 덕적면 진리(덕적도)의
ㄱ자 집이다.(1982) 두 방 앞과 옆에 퇴를 놓아서 한결 여
유롭다.
사진 167은 안산시 대부동(대부도)의 초가이다. 공간이 워
낙 모자라서 부엌 뒤쪽을 반 칸 늘리고 문을 따로 달았다.
(1983)

사진 168은 고양시 덕양구 흥도동 어느 집의 연기구멍이다. (1981) 굴뚝 대신 고래 끝을 크고 작은 돌로 막아서 연기를 빼기보다 내는 것을 막았다. 사진 169는 이 마을 어느 집의 굴뚝으로, 높이 20센티미터쯤만 쌓아 올려서 연기가 벽을 타고 흩어진다.

사진 170은 인천광역시 옹진군 덕적면(덕적도)의 한 농가로, 사랑채와 행랑채 사이의 뜰 가운데에 굴뚝을 세웠다. (1983)

171
172
173
174
175
176

사진 171은 이천시 백사면 도립리의 굴뚝이다.(1981) 둥근 오지 다섯 개를 이어 올린 우리네 전형적 굴뚝이다. **사진 172**도 같은 마을의 같은 것으로, 오지 맨 위 양옆으로 구멍을 뚫어서 비가 새지 않고 바람의 영향도 줄였다.(1981) 작대기를 굴뚝 양쪽에 대고 묶었다. **사진 173**은 인천광역시 강화군 석모도의 어느 집으로, 흙벽돌로 쌓은 몸채에 널굴뚝(왼쪽)과 오지굴뚝(오른쪽)을 올렸다.(1982)

사진 174는 인천광역시 옹진군 덕적면 진리(덕적도)의 어느 집 굴뚝이다.(1968) 오지가 흔들리지 않도록 긴 장대를 대고 함께 묶었다. **사진 175**는 김포시 월곶면 고막리 고읍동마을 어느 집의 것으로, 오지 여섯 개를 이어 붙였으며, **사진 176**은 인천광역시 강화군(강화도)의 어느 집으로, 바람의 고장답게 굴뚝 아랫도리를 시멘트로 단단히 둘러서 함포를 연상시킨다.(1982) **사진 177**은 인천광역시 강화군 석모도의 어느 집으로, 돌각담 위에 오지와 양철통을 얹어서 굴뚝으로 삼았다.(1982)

사진 178은 인천광역시 옹진군 연평면 동부리(연평도)의 어느 집 굴뚝이다.(1981) 몸채를 날개로 두껍게 감고 그 위에 함석을 둥글게 말아서 박았다.

사진 179는 인천광역시 강화군 삼산면 상리(석모도)의 어느 집 굴뚝이다.(1982) 고래 끝에 붙인 굴을 이만큼 끌어내고 굴뚝을 세웠다. 굴뚝의 불똥이 행여 처마에 옮아 붙을까 걱정한 탓이다. 사진 180은 이 마을의 다른 집 굴뚝으로, 위에 밑을 뗀 독을 거꾸로 얹은 것으로도 모자라서 양철통까

지 올렸다.

사진 181은 인천광역시 강화군 내가면 어느 집 굴뚝으로, 시멘트로 네모꼴 벽을 쌓고 그 위에 독을 거꾸로 박은 다음, 다시 함석을 둥글게 말아 올렸다. (1982)

사진 182는 파주시 광탄면 용미리의 어느 집 굴뚝으로, 오지가 귀한 탓에 천막에 쓰는 두꺼운 천을 둘러 감았다. (1965)

183

184

186 187

188

사진 183은 김포시 양촌읍 학운리의 짚가리이다.(1983) 알갱이를 털어낸 짚단을 집꼴로 쌓았다.

사진 184는 인천광역시 강화군 하점면 창후리(강화도)의 짚가리로, 앞과 같은 꼴이다.(1986) 이 짚가리는 경기도 김포시와 강화군 일대에만 나타나는 특징이다. 다른 지역에서는 흔히 원뿔꼴로 쌓는다.

사진 185는 김포시 고촌읍 풍곡리 어느 집의 쑥홰이다.(1983) 쑥을 칡으로 동여서 팔뚝만 하게 묶었다. 불이 붙으면 천천히 오래 탈 뿐 아니라, 향기도 좋아서 밤늦게 들일 하는 농군에게 안성맞춤이다. 그 위에 비를 맞아도 좀체 꺼지지 않아서 담뱃불 붙이기도 십상이다. 이 밖에 '다부치홰'라고 하여 앞과 같은 쑥 묶음 네 개에 불을 붙여 밭 둘레에 밤새 매달아 두면 냄새도 냄새려니와 불똥까지 튀어서 멧돼지 따위가 달아나므로 농작물 보호에 그만이다.

사진 186은 시래기이다. 가을철에 무청을 따로 잘라 줄줄이 매달아 말렸다가 삶아서 국을 끓이거나 나물로 먹었다. 먹을 것이 귀한 시절에는 죽도 쑤었다.

사진 187은 칡 다발이다. 거둔 칡을 둘둘 감아서 매달아 두었다가 필요한 때 물에 서너 시간 불리면 이보다 더 튼튼한 줄이 없다.

사진 188은 안산시 대부동(대부도) 어느 집 앞의 생선 틀이다.(1983) 여름 생선은 상하기도 쉽거니와 고양이 눈에 띄면 빼앗기기 십상이다. 이 틀에 걸어 두면 두 가지가 다 해결된다.

사진 189는 인천광역시 옹진군 덕적면 북리(덕적도)의 모습이다.(1968) 작은 포구임에도 조기잡이 배들이 부지런히 들고 난다. 이때만 해도 서해에서 민어를 잡아 일본으로 바로 수출하였으며, 신선도 유지를 위해 해상에서 운반선이 받아 싣고 떠났다. 이 마을에 하나뿐인 여인숙에 함께 묵던 선주의 호의로 한 마리를 맛본 것은 큰 행운이었다. 포구 오른쪽의 집들은 일사후퇴 때 황해도에서 내려온 피란민들의 판잣집이다.

사진 190은 집들이 썰물처럼 빠져나간 1983년의 모습이다.

189

190

191

19

193

194

사진 191은 1967년 4월 초 경기도 광주시 중부면 엄미리의 장승으로, 왼쪽이 새로 세운 것이다. '천하대장군' 아래에 서울·수원·이천·경안까지의 이수(里數)를 적었다. 옛적에는 장승이 오늘날의 도로표지판 구실을 한 셈이다.

사진 194는 장승을 새로 깎아 박은 다음, 장승제를 지낼 때 읊조린 제문이고, 사진 192는 잔을 올리는 장면이다. 사진 193은 지난해(1966)의 장승이다.

선계(仙界)에서 내려온 듯한 마을 노인 세 분의 얼굴은 장승보다 더 근엄하다.(사진 195)

195

장승의 몸매를 다듬고(**사진 196**), 눈을 그린 뒤 '천하대장군(天下大將軍)'의 '천(天)'자를 쓴다.(**사진 197**) 얼굴에 진흙을 발라 마감한다.(**사진 198**) **사진 199**는 새로 태어난 두 쌍이다. **사진 200**은 장승을 깎는 데 쓰는 연장이다.

제사를 마치고 나서 음복(飮福)을 위한 상을 차린 후(**사진 201**), 신이 내린 음식을 나누어 먹는다.(**사진 202**) **사진 203**은 길 건너에서 본 음복 장면이다.

202

203

충청도

사진 1은 충청남도 보령시 오천면 원사도리(원산도) 전경이다.(1984) 이 마을 집 여든여덟 채 가운데 초가는 열다섯 채(17퍼센트)이다. 그 중 평면으로는 열네 채가 一자집이고 ㄱ자집은 한 채뿐이다. 규모로는 두 칸 집 한 채, 세 칸집 아홉 채(60퍼센트), 나머지 다섯 채의 세 칸 집은 부엌옆에 광(한 칸)을 이어 붙였다.

사진 3은 같은 마을 김 씨 집 안채이다.(1984) 전면 여섯 칸, 측면 칸 반의 큰 집임에도 대청마루를 놓지 않았다. 사진 2는 안채 퇴의 문이다. 가운데방과 끝방 사이의 퇴를 두짝 널문으로 막은 것은 안방의 시아버지와 끝방의 며느리가 내외를 지킨다는 뜻이다. 조선시대 남녀유별의 열풍이 이 작은 섬까지 불어닥친 것이 놀랍다.(평면도 1) 사진 4는 사랑채이다. 1910년대에 안채만 세웠다가 살림이 늘어남에 따라 1950년대에 사랑채를 더 지었다. 사랑방의 퇴를 길 쪽이 아닌 집 안마당 쪽에 둔 것이 특이하다.

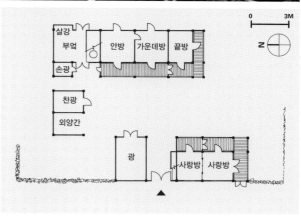

부엌		안방	가운데방	끝방
살강				
손광				

찬광

외양간

광

사랑방 | 사랑방

0   3M

N

사진 9는 같은 마을 김 씨 집이다.(1984) 네 칸 안채(네 칸)에 앞의 집처럼 대청마루를 두지 않았다. **사진 10**은 안채 끝방 퇴의 내외벽이다. 건넌방과 끝방 사이의 퇴에 내외벽을 붙인 것은 앞의 집과 같지만, 퇴를 반 칸 넓힌 탓에 벽도 그만큼 늘어났다. 남녀유별의 북소리가 천둥으로 울린 결과이다. **사진 11**은 곳간채와 대문이다. 섬답게 한 칸에 철따라 나는 젓갈류를 갈무리한다. 서쪽에 반 칸 뒤주를 붙이고 동쪽은 곳간으로 쓴다.

사진 13은 들보와 처마 사이에 마련한 구멍이다. 마을에서는 이 구멍에 다듬이 방망이나 쓰레받기를 얹어 둔다. **사진 12**는 입춘첩이다. 방문 상인방에 "세재갑인만사대통(갑인

년에 모든 일이 잘 이루어진다)"이라고 적은 입춘첩을 붙였다. **사진 14**는 부엌이다.

사진 5는 같은 마을의 짚담이다.(1984) 담을 볏짚으로 짜고 높이 2미터 넘게 올려서 김을 말린다. 담이라기보다 김발인 셈이다. 굵은 통나무를 세우고 가로대를 걸어서 붙박았다.(사진 6) **사진 7**은 김 말리기이다. 김을 펴 놓은 작은 대발을 담에 대고 대못을 꽂아서 고정시킨다.

사진 8은 까대기이다. 집 뒤 한쪽에 날개를 둘러서 비바람을 막고 수장공간으로도 이용한다. 전라도의 이름은 '까작'이다.

9

10

11

12

13

14

사진 17은 충청남도 태안군 안면읍(안면도)의 조 씨 집이다.(1984) 현재는 ㄱ자꼴 안채(1945년 건립)뿐이지만, 1970년대 초까지 같은 꼴 사랑채(광과 사랑방 각 세 칸, 각 한 칸씩의 대문간과 외양간)가 있었다. 안방은 부모가, 가운데방은 주인과 아내가, 끝방은 남동생들이, 건넌방은 여동생들이 쓴다. 마루는 그다지 쓰지 않으며, 제사도 안방에서 지낸다. 사진 20은 안채의 뒷모습이고, 사진 19는 부엌과 찬광이다. 찬광 둘 가운데 하나는 젓갈광이다.(평면도 2) 사진 18은 안채 합각의 길상문이다. '쌍 희(囍)'자 주위에 '아(亞)'자 무늬를 둘렀다.

사진 15는 같은 마을의 어느 집 한뎃부엌이다.(1984) 오른쪽의 아낙은 국자로 국물을 떠서 간을 보고, 왼쪽에서는 불땀을 살피며, 가운데 아낙은 두 손을 모아 쥐고 맛이 나기를 기도하는 모습이다. 늦가을 비까지 흠씬 내려 으스스 한기가 느껴지는 날, 잔칫집 인심이 그렇듯이 이 집에서 베풀어 준 한 잔의 술과 맛깔스런 안주 서너 점으로 추위를 한결 덜었다.

사진 16은 같은 마을의 진 씨네 마루 기둥이다.(1984) 기둥 아랫도리의 턱은 목수가 자기가 지었다는 표지로 남겼다고 한다. 고약한 사람이다. 하기야 오늘날에도 남의 아파트에 자기네 회사 이름을 크게 적는 불한당들이 적지 않다.

17

18

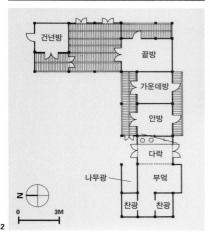

건넌방		끝방
		가운데방
		안방

다락

나무광 | 부엌

찬광 | 찬광

N

0   3M

2

19

20

21

사진 21은 충청남도 태안군 안면읍(안면도)의 박 씨 집 사랑채이다.(1984) 1892년에 충청남도 청양에서 걸려왔다. 새로 짓기보다 시간도 돈도 덜 드는 까닭이다. 본디 이 섬은 지네를 닮았다고 하여 예부터 기와집을 짓지 못하였다. 지붕에 지네가 깃들이면 기와가 들썩거리고 이로써 악운이 끼친다고 여긴 것이다. 그러나 안흥첨사(安興僉使)를 지낸 박 씨 조부가 힘으로 눌렀다고 한다.

사진 22는 충청남도 아산시 송악면 외암리의 이국선 집 사랑채이다.(1981) 세 칸 사랑채 지붕을 팔작으로 꾸몄다. 사랑방 앞의 퇴는 경기도 중부 이남과 충청도 중부 이북에 분포하는 양식이다.(평면도 3)

사진 23은 같은 마을 어느 집의 사립문이다.(1981) 통나무를 ㅁ자로 짜서 문틀로 삼고 잎이 달린 참나무 가지를 촘촘히 세운 다음 통나무 두 개를 가위다리꼴로 덧댄 문이다. 혼자서는 제대로 서지도 못해서 안에서 작대기로 괴어야 하므로 여닫기조차 어렵다. 사립문이라는 이름이 싸리로 엮은 데서 왔다는 설명은 잘못이다. 이를 '삽작문'이라고도 한다.

22

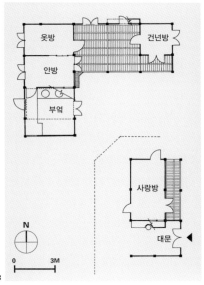

3

23

24

25

사진 24는 충청남도 서산시 운산면 신창리의 개심사(開心寺) 입구이다.(1989) 절집에서는 흔히 입구에 일주문(一柱門)을 세우지만, 이곳은 오른쪽에 "개심사 입구", 왼쪽에 "세심동(洗心洞)"이라고 새긴 자그마한 돌 두 개를 놓았을 뿐이다. 사람들은 이를 성소(聖所)와 속세(俗世)를 가리는 일주문으로 여기고 드나든다.

사진 25는 충청남도 아산시 송악면 외암리의 이 씨 집 부엌 벽이다.(1989) 부엌의 연기와 냄새를 빼기 위해 벽에 격자 살을 먹인 구멍을 마련하였다.

사진 26은 충청북도 제천시 수산면 지곡리의 어느 집 행랑 채이다.(2000) 대문을 왼쪽 끝에 내고, 안채 내부가 드러나 지 않도록 내외벽을 쳐 놓았다. 사진 27은 마당에서 본 대문

간이다. 대문을 싸리로 엮어서 붙박은 까닭에 그림자가 뚜 렷하다.(사진 28) 충주댐이 생기는 바람에 현재는 제천시 청풍면 물태리의 청풍문화재단지로 옮겨 놓았다.

사진 29는 같은 마을 어느 집의 문으로, 대오리를 길이로 세 워서 짰다.(1980)

사진 31은 같은 마을의 어느 집 사립문이다.(1995) 댓가지 로 짠 두짝 문으로, 위를 우산꼴로 다듬었다.

사진 30은, 지금은 대청댐 건설로 수몰된 충청북도 청주시 상당구 문의면의 한 농가 문이다.(1980) 양쪽 기둥에 볏짚 으로 짠 간단한 지붕을 올렸지만 정작 문짝은 달지 않았다. 따라서 문은 집 안팎을 가르는 표지에 지나지 않는다. 왼쪽 앞은 바깥뒷간이다.

26

27
28

29

30

31

32

33

34

사진 32는 충청북도 제천시 한수면 송계리 어느 집의, 쪽나무를 길이로 놓고 짠 대문이고, 사진 33은 제천시 청풍면 황석리의 어느 집 사립문이다.

사진 35는 충청북도 보은군 회인면 고석리의 최 씨네 돌기와집이다.(2008) 돌기와는 얇은 판석[靑石]으로, 너와를 닮은 탓에 '너새'(충청북도) 또는 '너에'(황해도)로도 불린다. 이 고장에서의 이름은 '돌너와집' '돌집' '청석집'이다. 1993년에 육십육 호 가운데 사십사 호를 차지하였으나(67퍼센트), 1996년에는 전체 가구 수가 육십 호로 줄었다가, 2011년에는 다섯 채만 남았다. 그나마 모두 덮은 집은 한 채도 없고, 안채나 사랑채 또는 헛간이나 돼지우리 따위에 얹었을 뿐이다. 1930년대에 돌기와집이 처음 들어선 이후,

1960년대에 군에서 시범마을로 지정하면서 융자를 해 주는 외에 마을 부근 여러 곳에 돌 광산이 생기는 바람에 보급률이 95퍼센트에 이르렀었다. 마을 사람들은 충청남도와 경기도로 나가서 지붕을 덮어 주고 삯을 받았다. 지붕마루 오른쪽에 까치구멍을 냈다.

사진 34, 38은 돌기와로 쌓은 장독대이다. 바닥을 돌기와로 쌓고 뒤에 대숲을 둘렀으며, 뒷담도 돌기와로 쌓았다.(사진 36) 지붕에 덮는 것은 얇게 떼지만, 뭉툭하게 말라서 돌담을 쌓기도 한다. 마을에는 같은 담이 적지 않게 남아서 옛 정취가 우러난다. 사진 37은 이 마을에서 차곡차곡 재 놓은 돌기와이다. 근래 조경에 쓴다면서 사려는 사람들이 부쩍 늘었다고 한다.

35

36

37

38

39

사진 39는 충청북도 제천시 청풍면 황석리의 반기와집이다.(2008) 사랑채는 초가이고, 안채는 기와를 덮었다. 죽담 위에 기와를 골을 지어 얹고 용마루를 올린 것도 돋보인다. 충주댐 건설로 제천시 청풍면 물태리의 청풍문화재단지로 옮겨 놓았다.

사진 40은 충청남도 예산군 고덕면 상몽리의 정 씨 집이다.

(1984) 집 뒤로 우거진 숲이 둘러선 세 칸 초가집이다. 평면은 각 한 칸씩의 부엌·안방·웃방으로 구성되었다. 사진 41은 도장으로, 곳간 대신 식량을 큰 독에 갈무리한다. 사진 42는 같은 마을의 담집이다.(1984) 벽 두께가 60센티미터쯤에 이른다. 흙담집은 여름에 덜 덥고 겨울에 덜 추운 것이 장점이다. 사진 43은 이 마을의 또 다른 담집이다.

40

41

42

43

사진44는 같은 마을의 한 서민가옥이다. 본디 방이 웃방과 안방 둘뿐이었으나 자녀들이 성장함에 따라 동쪽 방을 이어 붙였다. 이 방 앞에 뒤주와 헛광을 두고, 부엌 뒤에도 찬광을 달아서 공간을 오밀조밀하게 꾸몄다.(**평면도 4**)

사진45는 같은 마을의 흙벽돌집이다.(1984) 1960년대에 들어 흙벽돌집이 퍼졌다. 널쪽으로 짠 거푸집에 흙을 채우고 다진 다음, 털어내어 말리는 과정이 간단했기 때문이다.

이것은 흙에 모래를 섞어야 뒤에 갈라지지 않는다.

사진47은 이 집의 대문채이다. 주인 강 씨가 1957년에 안채를 지을 때 흙벽돌 천팔백 장이 들었다. 이를 위해 이십여 명이 보름 동안 일했으며 하루 삯은 팔십 원이었다. 이보다 서너 해 뒤에 지은 아래채에는 흙벽돌 천오백 장이 들었다.

사진48은 사랑채와 안채의 옆모습이고, 사진46은 뒷간의 거적문이다.(**평면도 5**)

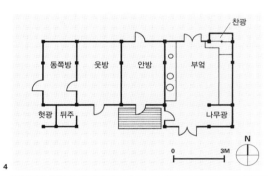

4

44

45

웃방	안방		부엌
광			나무간
			헛간
외양	사랑웃방	사랑방	

0   2M

5

46

47

48

사진 49는 충청남도 아산시 송악면 외암리의 이 씨 집 행
랑채이다.(1981) 다섯 칸 규모의 행랑채에 방을 두지 않
은 집은 흔치 않다. 사진 50은 행랑채 안에서 본 사랑채로,
사랑방과 작은사랑방 사이의 퇴에 수청방(왼쪽에서 두
번째)을 꾸몄다. 이 방의 소년을 부자(父子)가 부린 것도
다른 데 없는 특례이다. 사진 51은 안채이다. 오른쪽에 사
당이 있다.(평면도 6)

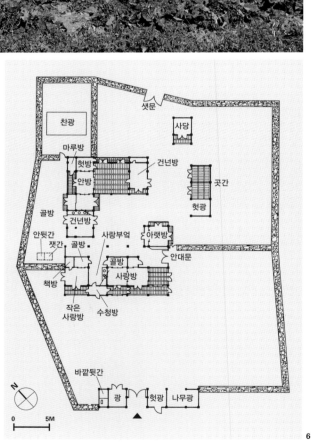

50

51

52

53

사진 52는 충청북도 보은군 삼승면 선곡리의 최 씨 집 문간 채이다.(2010) 이 집은 앞 집과 달리 사랑채에 기와를 얹고 (사진 53), 안채와 곳간채를 비롯한 나머지 건물은 모두 볏 짚을 덮었다. 중문을 걸었을 때는 왼쪽의 샛문으로 드나든 다.

사진 54는 전면 여섯 칸, 옆면 두 칸에 이르는 안채이다. 왼 쪽이 우물이다. 우물 지붕에 짚을 덮은 것도 드문 일이다.

사진 55의 오른쪽은 안채 건넌방의 누마루이고, 사진 56은 건넌방 옆면의 퇴와 '아(亞)'자살 여닫이다. 방 앞에 누마 루를 두었음에도 옆에 큼직한 여닫이를 붙이고 퇴까지 달 았다. 왼쪽의 벽장문도 돋보인다.

사진 57은 절구이다. 가는 허리도 그렇거니와 왼쪽으로 조 금 휜 상반신은 날렵한 여인을 연상시킨다. 우리 특유의 '결함의 미'를 살린 석공의 솜씨가 놀랍다.

54

55

56

57

사진 60은 충청북도 청주시 상당구 문의면 문산리의 어느 집 곳간채이다.(2011) 다섯 칸의 곳간채는 좀체 만나기 어렵다.

사진 61은 충청북도 제천시 청풍면 황석리의 유 씨 집으로, 바깥쪽으로 튀어나온 부분이 부엌 찬장이다.(1988) 붙박이 찬장을 위해 처마를 따로 달았다. 사진 62는 이 마을의 어느 집 행랑채이다.

사진 58은 충청북도 제천시 수산면의 어느 집 나락뒤주이다.(1988) 부뚜막 오른쪽에 붙인 작은 뒤주이다.

사진 59는 뒷간으로, 볏짚의 삿갓지붕이 인상적이다.

58

59

60

61

62

63

64

사진 65, 67은 충청북도 제천시 한수면 송계리의 어느 집 사슬이엉이다.(2003) 적당한 크기로 엮은 이엉 수십 장을 둥글게 말아서 지붕 위로 올린 다음, 멍석 펴듯이 펴 나가면서 덮는다. 처음에는 수냉이가 처마 밑으로 오도록 깔고, 그 뒤부터 반대로 덮어 나간다. 대부분의 초가는 이 사슬이엉으로 덮는다. 지붕은 표면이 매끈해서 깔끔한 느낌을 주지만, 큰 바람에 날리지 않도록 새끼로 그물처럼 뜬 망을 덮고, 그 끝을 처마에 단단히 잡아매는 것이 좋다.

사진 66은 같은 마을의 어느 집에서 용마름을 엮는 모습이다.(1980) 지붕을 이엉으로 덮고 난 다음 맨 꼭대기에 덮는 것이 용마름이다. 빗물이 양쪽으로 갈라져 흐르도록 엮어야 하므로 여간 재주가 아니면 엮기 어렵다. 이를 '용구새'라고도 한다.

사진 68은 같은 마을의 어느 집 이엉이다. 이엉은 초가집 지붕이나 담을 덮으려고 짚이나 새 따위로 엮은 것으로, '날개'라고도 한다. 한 칸을 이는 데 짚 여덟 마름이 들며, 한 마름에 스물다섯 뭇이 들어간다. 한 마름의 길이는 한 발쯤이며, 한 뭇은 왼손으로 쥐어서 두 움큼이 되는 양이다. 집안에 두 노인만 남거나 하여 품앗이에 나서지 못하면, 마을에서 공동으로 덮어 주는 것이 아름다운 우리네 옛 풍속이었다.

인천광역시 강화군에서는 이엉을 둘러서 벽을 삼거나 흙담 아랫도리에 둘러서 비바람을 가리기도 하며(사진 63), 엮어서 둥글게 말아두었다가 필요한 때 쓰기도 한다.(사진 64)

65

66

67

68

69

70

71

사진 69는 충청북도 청주시 상당구 문의면 어느 집의 장독대이고(1980년대 말), 사진 70은 통가리이다.(1969) 쑥대·싸리·뜸 따위를 새끼로 엮어서 둥글게 둘러치고 감자나 고구마를 갈무리한다. 추운 고장에서는 방이나 부엌 안에 두기도 한다. 사진 71은 처마에 거꾸로 매단 바구니들이다.(1969)

사진 73은, 지금은 대청댐 건설로 수몰된 충청북도 청주시 상당구 문의면의 어느 집 뒷간이다.(1980) 똥오줌을 퍼내기 쉽도록 지은 다락집이다.

주로 전라도에 분포하는 모정(茅亭)이 이 마을에 있는 것은 뜻밖이다.(사진 72) 모정은 중국의 절강성(浙江省)에서 벼농사와 함께 들어왔다. 분포 지역이 호남에 집중된 까닭도 이에 있다. 사진 74는 이 모정의 지붕틀이다. 기둥 네 개에 연결된 나무를 한가운데 박은 꼭지에 붙박아서 지붕을 받친다.

사진 75는 충청북도 제천시 봉양읍 박 씨네 집으로, 대오리로 둥글고 길게 엮은 닭둥우리를 벽에 걸고, 사다리를 기대놓았다.(1969)

72

73

74

75

사진 76-87은 충청남도 서천군 기산면 신산리의 이하복 가옥으로, 19세기 말에 이병식(李昞植)이 안채 세 칸을 지은 뒤 아들이 나머지 건물을 앉혔으며, 뒤에 안채를 늘리는 등 삼대에 걸쳐 이룩되었다. 모든 건물이 초가인 것도 남다르지만, 사랑채와 아들 내외가 기거하는 아래채를 나란히 세운 것도 특징의 하나이다.(2012)

사진 76의 아래채는 부엌 한 칸, 방 두 칸, 곳간 두 칸이 딸렸으며, 왼쪽 사랑채 사이에 대문을 붙였다.(평면도 7) 사진 77은 안마당에서 본 아래채이다. 시아버지와 며느리의 내외를 위한 건물임에도 방 앞에 퇴를 놓아서 명분을 살리면서도 편리를 찾았다. 지붕이 바람에 날리는 것을 막으려고 새끼로 뜬 마름모꼴 그물을 덮었다. 사진 78의 사랑채는 방 두 칸에 부엌 및 광 한 칸씩으로 구성되었다. 사진 79는 바깥마당에서 본 사랑채 방과 퇴 모습이다. 오가는 사람들은 이 퇴에서 주인과 대화도 나눈다. 오른쪽에 대문이 있다.

사진 81은 안채로 들어가는 중문간으로, 오른쪽에 안잠자기가 쓰는 방 한 칸을 붙였다. 안쪽에 내외벽을 붙여서 안

채 내부를 가린 것은 다른 상류가옥들과 같다. 사진 82는 안마당에서 본 중문간이다.

사진 80은 안채이다. 본디 부엌·안방·윗방 세 칸이었으나 부엌·대청·윗방을 한 칸씩 늘리는 외에 아랫방과 헛청을 덧붙였다. 사진 83, 84는 부엌이다. 부뚜막은 낮은 마루를 깔고 살강과 찬장 따위를 두어서 여간 편리하지 않다. 부뚜막 한쪽에 외여닫이를 붙인 덕분에 간단한 음식 따위를 안방으로 바로 들이거나 낼 수 있어 아낙의 수고를 줄인 것도 장점이다.

사진 85는 광이고, 사진 86의 세 칸 헛간채는 다른 건물들과 달리 남북으로 앉혀서 좁은 터를 지혜롭게 이용하였다. 사진 87의 위채에서는 다른 상류가옥의 별당처럼 찾아온 안손님이 머물거나 혼기(婚期)에 이른 딸들이 거처하였다.

문화재청에서 2010년에 낸 『문화재대관─중요민속문화재: 가옥과 민속마을 1 경기·관동·호서지역』에서는 사랑채를 아래채로, 헛간채를 광채라고 잘못 적었으며, 위채에 대해서는 한 마디의 설명도 붙이지 않았다.

77

78

79

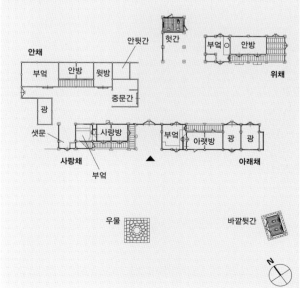

안채

부엌 안방 윗방

광

샛문

안뒷간

헛간

중문간

부엌 안방

위채

사랑채

사랑방

부엌

부엌 아랫방 광 광

아래채

우물

바깥뒷간

N

7

80

81

82

83

84

85

86

87

88

89

90

91

사진 88은 충청북도 충주시 살미면 향산리의 어느 집이 다.(2014) '초가'와 함께 가난의 상징으로 손꼽혔던 담집이 대도시 곁에 지금껏 여러 채가 나 보란 듯 남은 것이 믿어지 지 않을 만큼 신기하다. 주인들에게 물었더니 조부대에 지 었다며, 큰 불편이 없는 터에 무슨 까닭에 헐어 없애겠느냐 며 웃었다.

사진 88은 바깥쪽, 사진 89는 안쪽 모습이다. 새로 붙인 출 입문이 훈장처럼 빛난다. 사진 88의 오른쪽은 새로 지은 뒷 간이다. 세월의 무게를 견디지 못한 함석지붕은 이만큼 벌 어졌고(사진 90), 서까래에 걸은 수숫대마저도 이가 빠졌 다.(사진 91)

92

93

94

95

사진 92는 같은 마을의 어느 집 죽담을 낀 고샅길이고, 사진 93의 막돌 담 아래쪽에는 배수관을 묻어 놓았다.

사진 94는 같은 마을 어떤 집의 헐어빠진 문틀이다. 왼쪽이 축 처진 데다가 아랫도리의 살들이 떨어져 나갔다.

사진 95는 담집 주변의 고샅으로, 오른쪽 큰 집 담도 막돌을 되는 대로 쌓아 올리고 기와를 올려서 모양새를 갖추었다.

96

97

98

99

사진 96은 충청북도 청주시 상당구 문의면 한 농가의 터주이다.(1980) 집지기인 터주의 신체인 쌀을 담은 단지에 주저리를 덮었다. 쌀은 해마다 한가위 전날 새로 갈아 붓지만 세상이 어지럽거나 집에 우환이 있으면 그대로 둔다. 사진 97도 같은 마을 어느 집의 터주단지와 이를 덮은 주저리이다.(1980)

사진 98은 충청남도 당진시 석문면 장고항리의 홍 씨네 초(醋) 단지이다.(1984) 옛적에는 집집마다 촛밑을 해 놓고 막걸리를 보태 가며 덜어 먹었다. 생물인 초는 잘 죽는 탓에 처음 앉힐 때 주부는 "나와 함께 백 년 살자"는 주문을 세 번 읊조렸다. 그리고 부엌에 드나들 때마다 흔들어서 잘 익기를 재촉하였다. 단지 바닥에 깔린 촛밑에는 '초가시'라 불리는 벌레들이 오물거린다. 이들이 죽으면 집안에 좋지 않은 일이 생긴다고 하여 보호에 힘썼으며, 살림을 나는 큰아들에게만 나누어 주었다.

사진 99는 충청북도 옥천군 안남면 종미리의 어느 집 조왕이다.(1980) 솥 사이의 주발에 담긴 물이 신체이다. 물은 날마다 아침 일찍 주부가 갈아 붓고 나서 그날 하루 온 식구의 안녕과 행복을 빈다.

사진 100은 충청북도 보은군 회북면의 어느 집 사당이다.(2011) 단칸 사당에 양기와를 올렸다. 사진 103은 이 사당 내부이다. 신위는 증조부까지만 모셨으며, 그 위에 주인공의 초상화를 걸었다.

사진 102는 충청북도 옥천군 안남면 종미리의 어느 집 성주이다.(1980) 마루 기둥에 붙인 네모로 접은 한지를 성주로 받든다. 신체는 그 안에 든 쌀 한 줌이다. 그 아래에 글귀 "堂上父母千年壽(당상부모천년수)"는 "집안 부모님 천 년의 수를 누리소서"라는 내용이다.

사진 101은 충청남도 당진시 석문면 장고항리의 어느 집 성주이다.(1984) 물에 불린 한지를 주먹만큼 뭉쳐서 동자주에 붙였다.

100

101

102

103

104

105

사진 108은 충청남도 예산군 덕산면 사천리의 어느 집 굴뚝이다.(1987) 이응노(李應魯, 1904-1989) 화백이 십육 년 동안 살았던 수덕여관의 굴뚝이다. 각 방의 고래를 마당으로 연결하고 그 가운데에 높은 굴뚝을 세웠다.

사진 109의 충청남도 당진시 석문면의 어느 집 굴뚝은 온몸에 날개를 두르고 목만 간신히 내놓았다.(1984)

사진 110은 충청남도 당진시 송악읍 한 농가의 전형적인 오지굴뚝이다.(1970) 사진 111은 같은 마을의 굴뚝으로, 높기도 하거니와 비바람으로부터 보호하려고 날개를 두툼하게 둘렀다.(1971) 뿐만 아니라 집 주위에도 둘러치고 수장공간으로 이용한다.

사진 104는 충청북도 제천시 백운면의 물레방아와 방앗간이다.(1969)

사진 105는 충청북도 제천시 한수면 송계리의 어느 집 오지굴뚝이다.(1988) 자그마한 옹기 다섯 개를 이어 붙인 것으로도 모자라 끝에 배출기를 달았다.

사진 106은 충청북도의 기름틀이다. 돌을 깎아 만든 우리나라 유일의 기름틀이다. 보은군에서 나왔다고 하나 분명치 않다. 대전광역시 대덕구 오정동의 한남대학교 자연사박물관 마당에 있다. 사진 107은 이 기름틀의 주둥이이다. 위짝을 들어 자루에 담은 기름떡을 놓고 다시 내리면 무게에 눌린 나머지 기름이 흘러나온다.

106

107

111

전라도

사진 1은 전라북도 군산시 옥도면 어청도리(어청도) 전경이다.(1976) 어청도는 인구 778명에, 가구 167호의 작은 섬이다.(1976년 9월) 서해의 가장 바깥쪽(서경 약 126도)에 위치한 탓에 군산에서 배로 네 시간 반이 걸려야 섬에 닿는다. '올컨도(옭히는 섬)'라는 별명은 육지에서 한번 들어오면 다시 나가기 어렵다는 데서 왔다. 대대로 젊은이들이 섬 안 사람과 혼인하여 모두 인척 관계로 얽혀 있는 것도 특징의 하나이다.

주민들은 '단군 할아버지'와 섬에 처음 들어온 '경주 이씨네 조상'을 위한 산제(山祭) 및 중국 진(晉)나라 말기의 영웅 전횡(田橫, ?-기원전 202년) 장군에게 제사를 올린다. 이 밖에 단골네가 풍어를 바라는 용왕제도 올린다.

1975년 무렵부터 해군이 들어오자 딸을 둔 집에서 자기 집에 하숙시키려고 애 쓰는 한편 '하숙생'을 지성껏 보살폈다. 딸들이 이들과 혼인하는 것이 육지로 빠져나가는 거의 유일한 방법이었던 것이다. 그 덕분에 삼십여 명이 해군의 아내가 되었다.

사진 2는 이 마을 살림집이다.(1976) 기둥이 엿가락처럼 가늘어서, 1970년대에 새마을운동의 열풍이 아무리 거세게 불었어도 지붕에 슬레이트를 얹지 못하였다. 상부의 독촉을 견디지 못한 공무원들이 꾀를 냈다. 집 주위에 블록이나 쪽나무 벽을 두르고 그 위에 슬레이트를 얹은 것이다.(사진 3) 그때는 지붕 개량 정도를 공중에서 살폈으므로 그대로 넘어갔다고 한다. 이 때문에 본디 지붕 위에 덧지붕이 하나 더 생겨서 집이 집 안에 들어앉은 우스꽝스런 꼴이 되고 말았다.(사진 4)

1

2

3

4

사진 5는 같은 마을 이 씨 집이다.(1976) 섬의 가장 큰 집임에도 처마에 덧댄 함석차양마저 가느다란 작대기 네 개로 받쳤다. 오른쪽에는 칠백여 마리의 생조기를 소금에 절여서 굴비를 만드는 '조기 땅꼬'(깊이 1.5미터)가 있다. 굴비 값이 생조기의 두 배나 되어 1967년 무렵 여덟 집에서 마련하였지만, 칠십년대에 조기가 잡히지 않아서 쓸모가 없어졌다. 오 년 전에 세운 광에는 어구(漁具) 따위를 둔다. 주인은 웃방에서, 어머니는 안방에서 지낸다. 사랑방이 있지만 '조기 땅꼬'에 막혀서 골방으로 쓴다.**(평면도 1)**

사진 6은 정지이다. 집이 약해서 본 기둥 옆에 보조 기둥을 세우고 그 사이에 찬장을 붙였다. 왼쪽의 광 앞에 땔감을 쌓아 놓았다. 물이 워낙 귀한 탓에 정지에 여러 개의 독을 들여놓고 빗물을 받아 모은다.

이 집은 군산 등지에서 사들이던 볏짚을 구하기 어려워 루핑(roofing)으로 바꾸었다.**(사진 7)** 한 장(길이 15미터에 너비 60센티미터)에 이천오백 원으로, 수명은 한 해 반이다. 이 사정은 집값에도 영향을 마쳐서 세 칸 슬레이트집은 십여만 원이지만, 루핑 집은 사만 원에 지나지 않는다.

사진 8은 뒷간으로, 지붕에 천막을 덮고 그물을 씌워서 바람에 날리지 않도록 하였다.

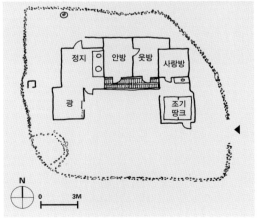

9

10

사진 9는 전라북도 순창군 순창읍의 초가이다.(1971) 방 앞에 누마루를 꾸며서 초가에 사는 정취를 살렸다. 상류가옥에나 있는 누마루를 초가에 놓은 것은 이 집뿐이다. 사진 10은 이 집의 뒷간을 겸한 헛간이다.

사진 11은 전라북도 부안군 변산면 격포리 활목마을의 초가이다.(1976) 병아리들이 어미 품에 안기듯이 주위에 둘러선 낮은 산 사이에 깃들었다. 사진 12의 왼쪽 초가 앞에 배가 보인다.

11

12

13

14

사진 15는 집 주위에 두른 까대기이다. 벽 주위는 물론, 헛
간에도 까대기를 두르고 입구만 조금 틔워 놓았다.(사진
16) 여러 가지 세간을 들여 놓는 수장공간으로 쓴다.(사진
17) 사진 13은 옆모습, 사진 14는 뒷모습이다. 정지 벽을 밖
으로 물리고 두 단으로 살강을 맸다.(사진 18)

15

16

17

18

사진 21은 전라북도 부안군 변산면 격포리 활목의 신 씨 집 안채이다.(1984) 기둥은 옆으로 기울고 지붕에는 잡풀이 터를 잡았다. 웃방 앞 기둥 사이에 줄을 매고 담뱃잎을 널어 말리는 중이다. 따로 세운 담배막이 있지만 모자라는 탓이다.

사진 23은 정지로, 그 안쪽이 정지방이다. 이 방은 호남지역 중류가옥이 지닌 가장 큰 특징이다. 이 방에서는 주로 갓 혼인한 아들 내외가 살림을 날 때까지 머문다. 이전에는 마을의 살림집 서른일곱 채 가운데 정지방을 둔 집이 열다섯 채였으나, 당시에 정지방은 일곱 집만 남아 있었다. 가장 너른 것이 2×2.5미터이며, 연등천장 가운데 높이는 170센티미터지만 측벽은 110센티미터여서 사람이 바로 서기도 어렵다. 바닥은 흙바닥에 자리를 깔았으며, 정지 문을 통해서 드나든다.

웃방은 사람이 거주하지 않고 항아리 따위를 두는 수장 공간으로 쓴다. 큰방과의 사이에 외여닫이를 붙인 것도 관리권이 살림을 이끄는 주부에게 있음을 알리는 증거이다.(**평면도 2**)

또 하나의 특징은, 서민의 살림집은 물론이고 중상류층에도 마루가 없다는 점이다. 방 앞의 퇴도 붙박이가 아니라 거의 모두 들마루이다. 집을 새로 지어도 마찬가지이다. 이러한 경향은 전남지역에도 나타난다.

죽담으로 지은 헛간 벽에 줄을 걸고 담뱃잎을 말린다.(**사진 22**)

사진 19는 활목재에서 내려다본 활목마을이다.(1976)

사진 20의 독살은 해안에 돌을 쌓아 놓고 들물에 밀려들어온 고기를 가두는 시설로, 썰물 때 들어가서 거둔다. 독살은 '돌살'의 사투리이며 '돌발'이라고도 한다.(1976)

19

20

활목〔弓項〕은, 그 이름처럼 목은 좁고 안은 넓어서 독살 자리로 안성맞춤이다. 1930년대 초, 나락 한 섬에 십오 원 내지 이십 원일 때, 김봉수 씨(49세)의 조부가 서른여덟 섬에 이 독살을 샀다. 4-5월에 고노리·멸치·숭어 따위를 거두며, 양이 많을 때는 마을 주민들이 함께 퍼냈다.

해안에서 직선으로 200미터 떨어졌으며, 높이 2미터에 너비 3미터이다. 한 해 서너 번씩 물에 휩쓸려서, 떨어진 돌을 다시 쌓아야 한다. 밀물 때는 물이 독살 위 2미터에 이른다. 하루 두 번씩, 한 번에 서너 가마를 거두며, 어업협동조합에 연간 백 원 내지 이백 원의 세금을 낸다. 독살 안의 갯벌이 국가 소유인 까닭이다. 지금의 독살 값은 쌀 스무 가마쯤이다.

24

25

26

사진 24는 전라북도 진안군 성수면의 최 씨 집이다.(1969) 큰방 앞에 들마루를 놓았다. 지댓돌과 웃방 사이에 세운 기둥에 장대를 걸어서 곡식단도 말린다. 왼쪽의 정지 옆에 작은 눈썹차양을 붙였다.

사진 25는 전라북도 고창군 대산면 연동리의 초가이다. (1970) 정지를 방과 방 사이에 두고 큰방 앞에 들마루를 놓았다. 아낙네가 절구에 점심 지을 보리를 대끼는 중이다. 사진 26은 정지이다.

사진 27은 전라북도 임실군 오수면 둔덕리의 이 씨 집이다. (1969) 전형적인 초가삼간으로, 사진 29는 옆모습이다.

사진 28은 정지 부뚜막에 마련한 좀도리단지이다.('좀도리' 는 조금 덜어낸다는 뜻이다) 곡식이 귀한 시절이라 밥 지을 때마다 조금씩 덜어서 모았다가 내다 팔아서 현금을 마련하였다.

작은방 뒤의 도장에는 곡식 항아리 따위를 두며, 관리자는 살림을 주관하는 시어머니이다. 출입문이 큰방 쪽에 있는 까닭을 알 만하다.(평면도 3) 이를 닮은 도장은 전라북도 일대에 퍼져 있다.

정지 앞의 작두샘 옆에서 확독에 보리를 넣고 대끼고 있다.(사진 30)

27

28

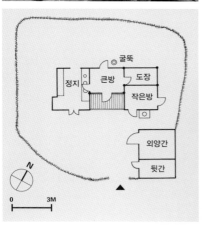

3

29

30

31

32

사진 31은 같은 마을의 초가이다.(1976) 초가이지만 전면 다섯 칸에 측면 칸 반이다. 이 지역에서는 바닥에 널을 깐 공간을 마루가 아닌 도장이라 부르며, 곡식을 담은 항아리 따위를 비롯하여 여러 가지 세간을 둔다. 마루의 기능이 그만큼 낮은 탓으로, 이는 남으로 내려갈수록 점점 더 두드러진다.

사진 32는 전라남도 보성군 벌교읍 벌교리의 옹기종기 모인 초가의 모습이다.(1977)

사진 33은 전라북도 정읍시 산외면 오공리의 김 씨네 호지집이다.(1971) 혼인한 종 내외가 사는 집을 전라도에서는

'호지집', 경상도에서는 '가랍집', 황해도에서는 '윳집', 평안도에서는 '마가리집'이라 한다. 김 씨네는 모두 일곱 채의 호지집을 집 사방에 세웠다. 가까이 있어야 부리기 쉽거니와 감시하기도 편한 까닭이다. 그리고 사당 뒤쪽에 낸 비밀문 밖의 호지집을 가장 신임하는 종에게 주어서 비상시에 대비하였다. 왼쪽 뒤로 김 씨네 행랑채 지붕이 보인다.

사진 35는 같은 마을의 초가이다. (1971) 처마가 깊어서 한여름에도 따가운 볕을 막을 수 있다. 사진 34는 여물에 넣을 콩깍지를 갈무리하는 콩 통가리이다.

36

37

38

39

40

사진 36은 같은 마을 한 농가의 안마당이다.(1971) 안마당 감나무 아래에 소를 매고 풀을 뜯긴다. 여름이라 냄새가 심하지만, 소의 똥오줌이 섞인 풀은 가장 좋은 두엄이다. 사진 37은 정지이고, 사진 38은 마을 샘이다.

사진 39는 전라북도 진안군 성수면 구신리로, 우리네 농촌 마을의 전형적인 샘이다.(1967) 대낮임에도 사람들은 한

창 바쁘다. 흔히 우물가에서 '마을 소문'이 퍼져 나간다지만, 사진의 주인공들은 이야기조차 나눌 겨를이 없다.

사진 40은 전라북도 진안군 성수면 구신리의 둑집이다. (1970) 오른쪽 쪽널을 붙인 데에 나락을 갈무리한다. 지붕 위의 유지기는 상투를 닮았다.(p.322의 사진 108과 사진설명 참조)

사진 41은 전라북도 임실군 오수면 신기리의 어느 집 뒷간이다.(1972)

사진 43은 전라북도 고창군 고수면 평지리의 어느 집 뒷간이다.(1971) 출입을 위해 외짝 널문을 달았다.

사진 42는 전라북도 정읍시 산외면 오공리의 어느 집 칠성님이다.(1969) 아침마다 종지에 새 물을 붓고 아낙네가 가족의 안녕을 빈다.

사진 46은 전라북도 남원시 산내면 입석리 실상사(實相寺) 요사채의 복문(福門)이다.(1977) 옛적에는 살림집 지붕마루에 기와 두 장을 어스러지게 세우고 이를 복문이라 불렀다. 하늘이 내리시는 복을 이 문으로 받아들인다는 뜻이다. 이 절집 중에게 물었지만, 있는 사실조차 모르고 있었다.

43

44

45

아니나 다를까. 이태 뒤에는 그마저 없어져 버렸다.

사진 47은 전라북도 장수군 천천면 삼고리 어느 집의 부뚜막이다.(1970) 가마솥 옆에 부뚜막을 모로 꺾어 붙여서, 때던 불을 옮겨서 양은솥에 다른 음식을 끓이기 편하다. 솥뒤의 종지에 조왕신을 모셨다.

사진 44는 전라북도 장수군 산서면 오산리 어느 집의 정지

문이다.(1976) '海水(해수)'라고 쓴 쪽지 두 개를 거꾸로 붙였다. 불이 나면 바닷물이 쏟아져서 꺼진다는 화재 예방 주문(呪文)이다.

사진 45는 전라북도 순창군 인계면 인계리 어느 집 조왕이다.(2000) 주부가 조왕을 향해 온 가족의 태평무사를 빈다.

46

47

48

사진 49는 전라북도 김제시 교월동의 모정(茅亭)이다. (1978) 모정에는 마을 사람들이 모여서 이야기를 나누거나 음식을 먹으며, 두레나 품앗이 따위의 마을의 중요한 일을 결정한다. 모정이야말로 한 마을을 공동체로 묶는 중요한 공간이다.

사진 48은 전라북도 순창군 구림면 구암리의 모정이다.(1995)

사진 50은 전라북도 장수군 천천면 삼정리의 숲이다. (1981) 숲 속에 반듯한 돌을 늘어놓고, 여름철에 주민들이 쉬며 마을의 중요한 일도 논의한다. 모정과 같은 구실을 하는 이곳을 '삼정 숲'이라 부른다. 전국을 통틀어 하나뿐이었음에도 근년에 도로를 넓힌다며 없애 버렸다.

49

50

51

사진 51은 전라남도 담양군 창평면의 다락집이다.(1977) 우리는 본디 다락집을 짓지 않았다. 『고려사(高麗史)』에도 궁궐을 높이 짓자는 의견에 『도선비기(道詵秘記)』를 들어 "산이 드물면 높은 집을 짓고, 높으면 낮은 집을 짓는다. 산이 많은 것은 양이고, 드문 것은 음이다. 우리나라는 산이 많아서 집을 높이 지으면 반드시 쇠망한다"고 반대한 기사가 있다.〔충렬왕(忠烈王) 3년(1276) 7월〕이 집은 일제강점기의 집으로, 유리분합문을 달았다. 아래층은 곳간이고, 이층은 잔치 때 썼다.

사진 53은 전라남도 담양군 창평면 창평리 고 씨 집의 내외

문이다.(2013) 시부모의 안방과 아들 내외의 건넌방 사이에 두짝열개의 널문을 달고 빗장까지 질렀다.

사진 52는 전라북도 진안군 마령면 강정리의 다락집이다.(2010) 터가 세다는 풍수의 말에 따라 주인이 안채를 이층으로 앉혔다고 한다. 실제로는 쓰는 일이 거의 없다.

사진 54는 1990년대에 지은 충청북도 충주시 용산동의 살림집이고(2011), 사진 55는 일제강점기에 세운 전라남도 보성군 벌교읍의 어느 집 대문채이다.(2012) 전라남도 영광군 군남면 동간리의 김 씨네도 다락을 대문채 위에 올렸다.

52

53

54

55

56

사진 56은 전라북도 남원시 산내면 덕동리 달궁마을의 샛집이다.(1970) 지붕을 이을 때는 원바닥에 엮은 겨릅대를 처마 쪽으로 돌려 깐 다음 솔가지를 얹고 그 위로 댓 장씩 덮어 나간다. 볏짚과 달리 뿌리를 아래쪽에 두고 층을 지어 덮어 올라간다. 물고기 비늘을 닮았다고 하여 '비늘이엉법'이라 부른다.

이 집은 수냉이(뿌리)를 한 뼘쯤 밖으로 내어서 덮어 나갔으므로 켜마다 층이 졌다. 지붕을 덮을 때는 길게 엮은 날개 두 장을 이엉꼬챙이로 꿰어 올린 다음, 앞뒤를 덮고 남은 부분으로 좌우 양쪽 벽을 가린다. 같은 양의 짚으로 엮어도 수냉이 쪽이 두텁고 든든한 덕분에 사슬이엉보다 오래 간다. 그러나 지붕 전체가 층이 져서 말끔하지 못한 점이 흠이다. 비늘이엉은 사슬이엉보다 두 배쯤 두껍게 덮으므로, 태양열 차단이나 온기 보존 효과가 그만큼 높다. 평안도를 비롯한 서북지방 사람들이 선호하는 까닭도 이에 있을 것이다.

사진 57은 전라북도 임실군 신평면의 샛집이다.(1970) 새는 두껍게 덮어야 비가 스미지 않는다. 수명은 이삼십 년이어서 흔히 한 세대에 한 번 덧덮는다. 이때 새는 사분의 일에서 삼분의 일만 다시 쓴다. 사진 58은 이 집의 옆모습이다.

사진 59는 전라북도 장수군 산서면 백운리의 샛집이다.(1970) 새는 물매를 되게(경사를 가파르게) 잡을수록 물이 잘 흘러내리는 까닭에, 먼저 솔가지를 백 짐쯤 채운 뒤에 새를 덧덮는다. 음력 11월에 산에서 베어 그 자리에서 말렸다가 옮기지만, 급하면 막 베어 덮기도 한다. 새 한 짐으로 너 발 길이 석 장을 엮으며, 세 칸에 백여 장 든다. 잇는 일은 전문가에게 맡기며, 삯은 들일꾼의 다섯 배이다. 한 짐에 이천 원(1982년)으로, 젊은이는 한 나절에 두 짐을 벤다. 사진 60은 옆모습이다.

57

58

59

60

61

사진 61은 전라북도 남원시 주천면 덕치리의 샛집이다. (2013) 소유자 박찬기 씨(1995년에 80세)의 조부 박창권 씨가 터가 좋다는 풍수의 말을 듣고 지었다. '구석집'이라는 별명처럼 마을에서 떨어진 데 자리한 것은 이 때문이다. 건물은 안채·사랑채·헛간채·뒷간으로 구성되었다.(사진 62) 입구 오른쪽의 행랑채는 본디 없던 것임에도 2000년에 전라북도 민속문화재(35호)로 지정될 때 주인이 우기는

바람에 지었다고 한다.

전면 네 칸의 안채(사진 63, 65)는 정지·큰방·마루방·작은방·뒷방으로 이루어졌으나, 근래 마루방을 큰방에 이어 붙이고 작은방은 정지, 뒷방은 욕실 겸 화장실로 바꾸었다.(평면도 4,『한국의 전통 초가』) 사진 66은 안채의 뒷모습이며, 사진 64는 장독대 뒤의 대숲이다.

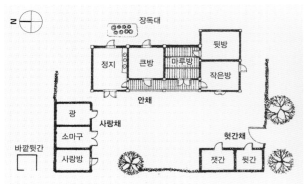
4

62

63

64

65

66

사진 67은 사랑채로, 왼쪽의 사랑방은 한때 서당으로 썼으며, 가운데는 외양간, 오른쪽은 곳간이다.

사진 69는 사랑채 일부와 뒷간의 모습이다. 남성 전용 뒷간 바닥을 60센티미터쯤 높인 까닭에 앞쪽에 둥근 발판을 놓았다.(사진 68) 바닥은 지름 15센티미터쯤의 통나무 여섯 개를 이어 붙였다.(사진 71) 사진 70은 뒷간 천장이다.

사진 72는 안채 마루에서 건너다보이는 지리산 줄기이다.

사진 73은 1991년과 1996년에 이 집에서 영화를 찍은 사실을 부엌문에 적어 놓은 내용이다.

사진 74는 헛간채로, 왼쪽 한 칸은 여자용 뒷간이다.

사진 75는 전라북도 임실군 신평면의 샛집으로, 이엉법으로 덮었다.(1972)

사진 76은 전라북도 정읍시 산외면 오공리 전경이다. (1972) 마을 뒤 지네산에서 내려다본 모습이다. 마을 앞 왼쪽에서 오른쪽으로 흐르는 물줄기가 동진강 상류이다.

사진 78은 전라북도 임실군 오수면 둔기리의 솔대이다. (1977) 옛적에 마을에서 소과(小科)에 합격한 이가 나올 때마다 길가에 차양이 너른 대나무 우산을 세웠다. 정읍시 산외면 오공리에서는 이 길을 '소죽거리'라 불렀다. 임실군에서는 우산 대신 껍질 벗긴 소나무를 마을 입구에 세웠으며, 전라남도 영광군 동서면 동간리 김 씨네는 솟대처럼 소나무 위에 나무로 깎은 새를 얹었다. 앞 두 곳의 이름은 '솔대'이다. 이희승(李熙昇)은 "과거에 급제한 사람을 위하여 그 마을 입구에 높이 세우던 붉은 장대이며, 그 끝에 푸른 칠을 한 나무로 만든 용을 달았다"고 적었다.

사진 77은 전라북도 무주군 설천면의 물 홈이다.(1969) 덕유산 기슭으로 흐르는 물을 논밭에 대기 위해 홈 대 수십 개를 이어 놓았다.

사진 79는 전라북도 정읍시 산외면 오공리의 게막이다. (1972) 바닷가의 게는 봄에 냇물을 거슬러 수백 리 떨어진 내륙으로 들어가 논에서 여름을 지내고 가을에 제 고장으로 돌아간다. 이 무렵에는 어른 손바닥만큼 자란다. 사람들은 돌아가는 목에 낮은 대발을 가로 쳐서 길을 막고 게막으로 들어오는 게를 밤새 손으로 집어낸다.

게는 소리를 못 듣는 까닭에 떠들어도 좋지만, 빛에는 아주 민감하므로 촛불이 물에만 비치도록 깨진 독 조각 따위로 가린다. 서넛이 번갈아 가며 집어서 들통 따위에 던져 넣는다. 이 참게로 장을 담그면 더할 수 없는 맛이 난다. 논에 농약을 쓰면서 수가 퍽 줄어서 1990년대에는 한 두름(열 마리)에 삼십여만 원이었다.

참게를 많이 거두는 마을을 '게넘이마을'이라 불렀으나, 1914년 일제가 행정지명을 온통 한자로 바꿀 때 다른 지역의 게넘이마을은 해월리(蟹越里)로 둔갑하였다.

76

77

78

79

80

81

82

83

84

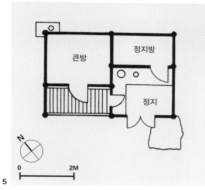

큰방

정지방

정지

5

0   2M

85

사진 80은 전라남도 영광군 군남면 동간리의 담집이다. (1978) 담집은 나무를 쓰지 않고 흙이나 돌로 벽체를 쳐서 지붕을 삼은 집으로, '토담집'이라고도 한다. 좌우 양쪽에 널로 짠 거푸집을 대고 길이 20센티미터쯤으로 자른 볏짚을 진흙에 버무린 다음, 절구 공이 따위로 다지고 나서 마른 뒤에 다시 올려 쌓아서 벽체를 완성한다. 이 집처럼 흙과 흙 사이에 두툼한 떼장을 깔면 수명이 더 오래 간다. 이 집은 규모가 다섯 칸에 이르러서 모습이 위풍당당하다.

사진 81은 전라남도 보성군 벌교읍 근처에 있는 각 한 칸씩의 방과 부엌으로 얽은 초가이다. (1977) 방 앞의 퇴 아래를 닭장으로 꾸민 것이 돋보인다.

사진 82는 전라남도 구례군 산동면 대평리의 유 씨 집이다. (1971) 정지·큰방·작은방으로 이루어진 세 칸 집이다. 사진 83은 정지이다. 나무가 흔한 고장이라 통나무 양쪽을 구유처럼 파고 개수통으로 쓴다. 이를 '물구시'라 한다. 구멍과 구멍 사이의 판판한 데는 도마로 이용한다. 바닥에 구멍이 있다.

사진 84는 전라남도 보성군 벌교읍 봉림리의 고 씨 집이다. (1978) 전면과 측면이 각 두 칸임에도 큰방 앞에 퇴를 붙이고 그 아래에 닭장을 꾸몄다. 사진 85는 정지이다. 오른쪽으로 정지방의 문이 보인다. (평면도 5)

86

사진 86은 전라북도 고창군 성내면 조동리의 황윤석(黃胤錫, 1729-1791) 생가 안채이다.(1986)

사진 87은 이 집 안채의 옆모습으로, 측면에도 퇴를 놓았다.

사진 88은 안채의 뒷모습이다.

1970년대에 이른바 '조국 근대화' 열풍이 휘몰아치면서 난데없이 초가집이 빈곤의 상징으로 떠올랐다. 새마을운동의 첫 목표가 지붕 개량이었던 까닭도 이에 있다. 대통령이 노랫말을 짓고 곡을 붙였다는 새마을 노래에 "초가집도 없애고"라는 대목이 있었다. 이에 따라 읍·면·군·도의 행정 조직이 하나같이 초가집 없애기에 온갖 방책을 다 썼다. 정부는 작대기 표에 하루가 멀게 실적을 그려 넣으며 공무원의 목을 치거나, 더 나은 자리로 보내는 따위의 당근과 채찍의 꾀를 썼다.

그러나 초가에 반드시 가난뱅이가 살았던 것은 아니다. 호남의 큰 유학자 황윤석의 생가가 좋은 보기이다. 안채의 규모가 전면 일곱 칸 반, 측면 두 칸에 이르는 것이다.(**평면도 6**) 기둥은 모두 두리기둥이며 앞과 뒤는 물론, 옆에도 퇴를 놓은 어엿한 상류가옥이다. 잡석으로 쌓은 축대 또한 높직해서 위용도 당당하다. 기와를 얹지 않은 가장 중요한 까닭은 안빈낙도(安貧樂道)하는 선비의 기풍을 보이려는 데 있다.

87

88

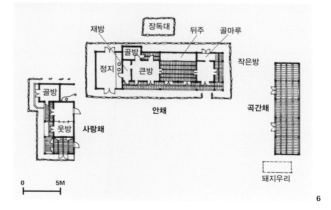

6

우리가 볏짚을 지붕에 덮은 것은 벼농사가 중요 생업이었던 까닭이다. 따라서 알곡을 털어낸 빈 짚을 지붕에 얹는 것은 지극히 자연스런 발상이었다. 『삼국사기(三國史記)』와 『삼국유사(三國遺事)』는, 가락국 김수로왕(金首露王)의 가궁(假宮)도 초가였으며, 처마 끝을 가지런히 자르지 않아 들쭉날쭉하였다고 전한다. 기와가 없거나 임시 거처여서가 아니라 짚으로 잇는 것이 당연했던 것이다.

초가지붕은 따스하고 부드럽고 푸근한 느낌을 주는 점에서 '고래 등 같은 기와집'과 대조적이다. 더구나 한 해 한 번씩 덧덮는 덕분에 따로 치장을 베풀지 않아도 새 옷으로 갈아입은 듯 밝고 깨끗하고 단정한 느낌을 준다. 지붕의 물매가 낮아서 마당이 좁은 집에서는 고추 따위의 농작물을 말

리거나, 텃밭 삼아 천둥호박이나 바가지 덩굴도 올렸다.

볏짚은 속이 비어서 그 안의 공기가 여름철 햇볕의 뜨거움을 덜고, 겨울에는 집안의 온기가 빠져 나가는 것을 막기도 한다. 또 겉이 비교적 매끄러워 빗물이 잘 흘러내리므로 두껍게 덮지 않아도 샐 염려가 없다. 새는 1미터 이상 덮어야 하지만, 볏짚은 20여 센티미터로 충분한 것이다. 지붕을 덮을 때 전문가의 손을 빌리지 않는 점도 장점의 하나이다.

사진 89는 안채의 앞퇴이며, 사진 90은 작은방 누마루와 아궁이이다. 사진 91은 큰방 쪽에서 본 대청이다. 중부지방과 달리 대청을 개방하지 않고 수장공간으로 쓴다. 호남 남부지역에는 이러한 형식의 마루가 흔하다.

사진 92는 뒤란의 흙담이다.

91

92

93

94

95

사진 93은 전라남도 강진군 강진읍 남성리에 있는, 「모란이 피기까지는」으로 이름난 김영랑(金永郞, 1903-1950) 시인의 생가 문간채이다.(2010) 1969년 8월, 전국민속종합조사단의 일원으로 처음 찾았을 때, 귀한 손님이 오셨다며 닭튀김에 소주를 대접해 주셨다. 그때만 해도 닭튀김이 고급 안주였던 터라 단원들이 영랑 선생 회고는커녕 닭다리 뜯느라고 온 정신을 팔던 모습이 떠오른다. 문간채는 다섯 칸 규모이다.

사진 96은 동남쪽에서 본 안채이다. 서민가옥의 정지방에 해당하는 모방의 창살이 이채롭다. **사진 97**은 안채(전면 다섯 칸) 서쪽이다. 앞에 누마루를 붙이고도 퇴를 놓았다.
사진 98, 99의 사랑채는 앞뒤 두 칸 반의 겹집형식으로 지었다.
사진 94는 문간채로 이르는 담이다. 개인집이라고 믿기지 않을 만큼 우람하다. **사진 95**는 막돌로 쌓은 우물전이다.

96

97

98

99

사진 100은 전라남도 보성군 득량면 오봉리 이 씨네이다.(1986) 노마님이 거의 평생 써 온 체를 찬찬히 살피고 있다. 다음은 체 바퀴에 적어 놓은 글이다.(사진 101)

"주인 종택 / 기사 시월 십이일 매득하였음 / 아껴 쓸지어다. 만사대길하리라."

"종택 / 주인 건강을 빌며 / 만사대길 재수대통하리라."

"주인 종택 / 무신 삼월 십칠일 매득하였음 / 만사대길 재수대통하리라."

체를 사들인 해와 부디 아껴서 오래 쓰라는 당부, 그리고 집안의 운수가 오래 이어지기를 바라는 내용이다. 체를 산 때는 기사(己巳)년과 무신(戊申)년으로, 1986년부터 거슬러 올라가면 무신년은 1968년이고 기사년은 1929년으로,

삼십구 년의 차이가 있다. 뒤의 것은 나이가 오십여 살이나 먹은 셈이다. 손때 묻은 살림을 버리지 않고 모아 둔 노부인의 정성에 머리가 숙어진다.

사진 103은 전라남도 장성군 북하면의 어느 집 정지이다.(1986) 벽을 밖으로 반 칸 물리고 찬장과 물두멍을 두었다. 사진 104는 정지 벽의 연기 구멍이다. 오랜 세월에 걸쳐서 연기가 빠져나간 탓에 그을음이 덕지덕지 엉켜서 번들거린다. 이것은 벌레가 끼는 것을 막는 구실도 한다.

사진 102, 105는 정지 대살 창에 걸어 놓은 호미로, 논밭매기가 한창일 때 들고 나가기 편하다. 호미는 워낙 작아서 눈에 잘 띄지 않기 때문이다.

102

103

104

105

106

107

108

사진 108은 전라남도 장흥군 관산읍의 유지기이다.(1971) 유지기는 전라남도 장흥·강진·보성 등지에만 있는 독특한 지붕 꾸밈이다. 상투를 연상시키는 용구새(용마름)를 덮기 전, 통나무를 가로지르고 나무 이음새나 좌우 양쪽에 한 단쯤 되는 볏짚을 단단히 묶은 뒤 수냉이 쪽을 가지런히 잘라서 거꾸로 잡아맨 것이다. 이처럼 한 지붕에 두세 개를 세우기도 한다. 용마루가 반듯해서 보기도 좋다. 중국 운남성 초웅현(楚雄縣)의 이족(彝族)도 지붕을 이렇게 꾸민다.

사진 107은 전라남도 담양군 남면 지곡리 소쇄원(瀟灑園)의 트임문이다.(1979) 대문을 세우고 빗장을 걸지 않은 문을 트임문이라 한다. 드나드는 사람은 여기 문이 있거니 여기고 마음을 바로잡는다.

전라남도 곡성군 죽곡면 원달리의 태안사(泰安寺)에서도 양쪽에 세운 끝이 뾰족한 돌을 문으로 삼는다.(사진 106) 부처의 세계로 들어오려면 속세의 티끌을 벗으라는 뜻이다.

사진 112는 전라북도 부안군 부안읍의 탱자울이다.(1977) 농촌에서는 탱자나무나 구기나무 울도 쳤다. 특히 탱자는 촘촘하게 자라는 성질에 가시까지 달려서 개나 고양이도

드나들지 못하였다. 열매는 훌륭한 한약재인 데다가 손에 쥐고 동글리다가 코에 대면 향기가 황홀하다.

사진 110은 전라남도 영암군 군서면의 어느 집 문이고 (1986), **사진 111**은 전라남도 보성군 벌교읍의 어느 집 바자울이다.(1977) 띠를 길가 쪽에 댄 것이 특이하다.

사진 109는 전라남도 영암군 군서면 도갑리 어느 집의 울로, 대나무의 고장답게 같은 크기로 자른 대쪽들로 엮었다.(1977) **사진 113**은 전라남도 신안군 압해읍(압해도)의 어느 집 바자울이고(1984), **사진 114**는 이 집의 문이다.

사진 115는 전라남도 신안군 안좌면 읍동리(안좌도) 전경이다.(1978)

사진 116은 전라남도 완도군 완도읍 군내리(완도) 전경이다.(1978) 군내리 2구의 살림집 이백여든여섯 채 가운데 초가는 쉰여섯 채(20퍼센트)이고, 3구의 삼백여든 채 가운데 초가는 마흔한 채(11퍼센트)였다.

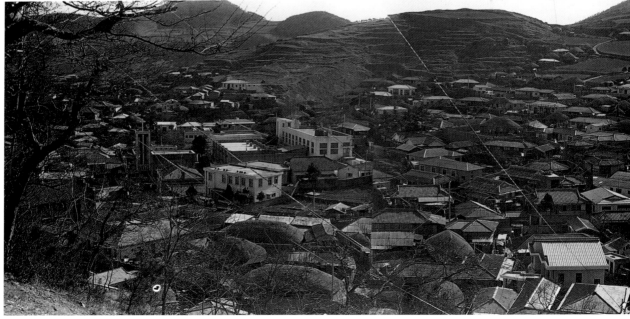

117

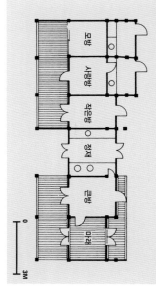

7

사진 117은 전라남도 완도군 완도읍(완도)의 고 씨 집이
다. 전면 여섯 칸의 삼량가옥으로, 1955년에 집을 앉기위
로 비꾸었다. 이 경과 버팀이 불티 기와가 날려서 이후 기
둥을 철근 콘크리트 집을 낮추었다. 정제에는 사랑방과 모방을 터
서 썼다.

큰방과 작은방 사이에 정제를 두고 마퇴(마루)가 큰방에
딸리도록 한 것은 삼량권이 이 방 주인에게 있음을 알면
준다. 큰방은 고 씨 부모가, 작은방은 고 씨 내외가 썼으
며, 사랑방에서는 마슴이나 아정(漁場)의 일꾼들이 기거

하였다.(땅연도 7)

사진 118은 전라남도 구례군 산동면 내평리의 안동채 집
으로, 1930년에 세웠다. 본디 큰방과 정제뿐이었으나
1970년대 말쪽에 작은방을 이어 달았다. 큰방 앞머문
외쪽문이고, 작은방은 앞면에만 문을 달았다. 겹물 앞면
에 기둥을 세우고 처마를 늘여서 비가름을 막았던 것을
느다. 정제 뒤에는 굴뚝을 달았으나 앞면은 개방하였다. 사
진 119는 이 집의 정제이고, 사진 120은 이 집의 잇모습이
다.

118

119

120

121

122

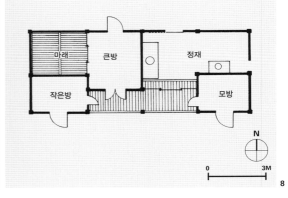

8

사진 121은 전라남도 진도군 진도읍 교동리의 한 중류가옥이다.(1978) 이 집은 진도의 재래 가옥이 변모하는 과정을 보여 준다. 마래를 줄이고 작은방을 들였으며, 정재 앞에 퇴를 붙이고 문을 달아서 정지 안이 드러나지 않는다.(**평면도 8**) **사진 122**는 정재이다.

사진 123은 같은 마을의 김 씨 집이다.(1977) 1870년에 지은 집으로, 김 씨는 1970년에 이십오만 원에 샀다. 주인(53세) 내외는 큰방에서, 장녀(23세)와 차녀(20세) 그리고 아들 삼형제(27세, 18세, 16세)는 작은방에서 지낸다.(**평면도 9**)

사진 124는 마래이다. 중부지방과 달리 마래에 크고 작은 독이나 항아리를 비롯한 세간을 둔다. 널을 깔지 않은 봉당도 마래라 부르는데, 이러한 현상은 신안군 일대의 섬도 마찬가지이다. 따라서 마래는 다른 지역의 도장과 같다.

123

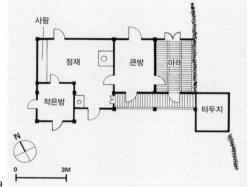

9

사랑

정재   큰방   마래

작은방   터두지

N

0   3M

124

125

126

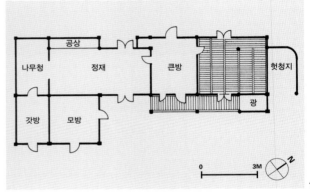

```
공상
나무청        정재            큰방          헛청지

갓방    모방                              광
```

0   3M

10

사진 125는 전라남도 신안군 안좌면(안좌도)의 한 상류가옥
이다.(1978) 큰방 옆으로 두 칸의 마래가 달리고 모방 옆에
갓방을 붙였다. 그리고 갓방 뒤는 나무청으로 바뀌었다. 갓
방이 있지만 규모 여덟 칸 반 가운데 방은 두 칸 반(29.41퍼
센트)으로, 주거 면적이 세 칸의 수장공간(35.29퍼센트)보
다 좁다.(평면도 10) 갓방은 주인의 딸이, 모방은 아들이 쓴다.
읍동리에 이와 같은 평면으로 구성된 집이 여덟 채 있다.
사진 126은 같은 마을의 중류가옥 정재이다. 나무가 흔한

고장이라 통나무를 구유처럼 파고 양쪽에 다리를 붙여서
설거지통으로 쓴다.
사진 127은 전라남도 신안군 임자면 진리의 초가이다.
(1977) 정재가 넓어서 모방 옆에 헛청지를 두었다. 사진
129는 전라남도 신안군 임자면(임자도)의 죽담집이고
(1977), 사진 128은 뒷간이다. 사진 130은 전라남도 장흥군
관산읍 방촌리의 백 씨 집이다.(1977) 방과 방 사이에 정재
를 둔 죽담집이다. 사진 131은 이 집의 뒷모습이다.

127

128

129

130

131

132

133

찬장 공상 곳간

정재 마래

큰방 대청

모방

0 3M

11

사진 132는 전라남도 신안군 안좌면 읍동리(안좌도)의 김씨네 안채이다.(1977) 전면 여섯 칸으로, 1874년에 세웠다. 큰방 옆의 두 칸을 '대청', 퇴 쪽에 낸 것을 '마래'라 부른다. 면적이 열한 칸 반임에도 가운데 방 두 칸에, 정재가 두 칸 반에 이르는 점도 특징의 하나이다.(평면도 11) 사진 133은 안사랑채이다.

사진 134는 같은 마을의 한 상류가옥이다.(1977) 정재가 큰방과 마래 사이에 있다. 사진 137은 마래이다. 마루를 깐 위에 비닐 장판을 덮었다.

사진 135는 같은 마을의 초가로, 바람의 피해를 줄이려고 처마를 낮추었다.(1977) 사진 136은 돼지우리 위에 닭장을 지었다.(1977) 사진 138은 이 마을의 생선 말리는 장대이다.(1977)

134

135

137

136

138

139

140

141

사진 139는 광주광역시 동구 지산동에 있는 이 여사네 안채이다.(2013) 대도시에 이처럼 옛 모습을 고스란히 간직한 살림집이 남아 있는 것은 얼마나 다행스럽고 행복한 일인가. **사진 140**은 대문에서 안채에 이르는 길에 깔아 놓은 널돌이다. 크기나 모습이 각각이면서도 한 몸처럼 조화롭게 누웠다. 비가 내릴 적이면 징검다리 구실을 한다. **사진 141**은 안채 뒷모습이다. 좁은 퇴가 숨통을 터 준다. **사진 142**는 처마이고, **사진 143**은 정재 앞이다. 돌절구, 돌확, 나무절구와 공이, 체 따위의 부엌세간이 보인다. **사진 145**는 장독대, **사진 146**은 앙증맞은 안채 뒤 굴뚝이다. **사진 147**은 초등학교 초년생인 손녀가 악귀를 쫓으려고 그려 붙인 범이다. **사진 144**는 안채 동쪽에서 뒤란으로 돌아가는 골목이다.

142

143

144

145

146

147

148

149

150

151

152

사진 148은 전라남도 신안군 임자면 진리(임자도)의 어느 집 장광이다.(1977) 장독대를 따로 갖추지 못하고 처마 밑에 독과 항아리를 늘어놓았다. **사진 149**도 같은 마을의 장광이다.(1978) 앞의 집처럼 장독들을 처마 밑에 두기는 하였지만 벽돌담을 둘렀다. 전라남도에서는 이러한 곳을 '장광'이라 부른다. 이 고장 음식의 감칠맛은 장독에 대한 깊은 애정에서 나온다고 해도 좋을 것이다.

사진 151은 전라남도 영광군 불갑면 모악리 불갑사(佛甲寺)의 장광으로, 담 외에 문을 달고 지붕까지 얹었다.(2000)

사진 152는 전라남도 장성군 북하면 어느 집의 장광으로, 장광 주위에 벌통을 놓았다.(2001) **사진 150**은 같은 마을

어느 집 장광에 세운 솟대이다.(2001)

사진 155는 전라북도 김제시 교월동의 정 씨네 장광이다.(1976) 작은 단지들은 젓갈용이다. 전라도 음식 맛의 바탕은 젓갈이 좌우한다. **사진 153**도 같은 마을의 장광으로, 오른쪽에 땅에 묻은 여러 개의 김칫독이 보인다.

전라남도 구례군 토지면 오미리에서는 장광 부정을 물리치려고 입구에 도깨비기와를 얹었다.(**사진 154**)

사진 156-159는 전라남도의 굴뚝 삿갓들이다. 바람에 연기가 내는 것을 막으려고 굴뚝 위에 얹는 삿갓에도 남도 특유의 멋이 넘친다.

153

154

155

156

157

158

159

160

161

사진 160은 전라남도 보성군 득량면 오봉리 어느 집의 닭장
이다.(1984) 닭장임에도 말굽처럼 굽은 나무로 들보를 받
치는 맵시를 부렸다. 지붕과 천장 사이의 공간에 농기구 따
위도 둔다. **사진 161**은 이 마을 닭장으로, 양기와를 올리고
용마루까지 얹었다.

162

163

164

165

166

사진 163은 전라남도 보성군 어느 마을의 들돌이다.(1985) 옛적에는 칠월 백중(百中)이 오면 마을 사람들이 모인 가운데 아이머슴이 이 돌을 들어 보이는 진새를 벌였다. 머리 위로 들었다가 어깨 뒤로 내리거나 돌을 들고 마을을 돌거나 하였고, 잘 마치면 이때부터 어른머슴 대접을 받았다. 주인집에서는 축하하는 뜻에서 옷 한 벌을 해 주고, 마을 머슴들에게 따로 날을 받아 술 한 동이와 닭죽 한 동이를 냈다. 칠월 백중을 '머슴 생일'이라고 일컬은 까닭이다. 이 행사를 강원도 강릉에서는 '팔례', 충청남도 아산시 일대에서는 '공배'라 한다.

사진 162는 전라남도 강진군 강진읍 남성리 김영랑 생가의 것이고(2010), 제주도의 이름은 뜽돌로(사진 164) '힘자랑'이라고 적었다.(1970)

사진 166은 들돌을 배에 껴안은 채 들어올리는 모습으로, 전라북도 남원시 보절면 괴양리에서 황헌만 님이 찍었다.(1991)

사진 165는 제주도 자연사박물관 전시물이다.(2006)

167

168

169

170

사진 171은 전라남도 강진군 강진읍 송전리의 모정(茅亭)이다.(1969) 모정은 전라남도의 논이 너른 지역 어디서나 눈에 띄는 쉼터이다. 본디 모심기·김매기·가을걷이 때 등에 잠시 쉬려고 세웠으나, 점점 마을로 퍼져 나가 공동 집회소로도 이용하였다. 전라북도 및 충청도 일부에도 있다. 옛적에는 칸을 나누어 남녀가 섞이지 않게 하였고, 연장자와 젊은이들도 따로 앉았다. 중국 절강성 일대에 집중적으로 분포하는 것으로 미루어 논농사와 함께 들어온 것으로 보인다.

사진 167은 전라남도 구례군 토지면 오미리의 모정이다.(1996) 본디 볏짚을 덮었으나 함석으로 바뀌었다. 지금은 기와를 올렸다. 사진 168은 천장이다. 한가운데에 세운 기둥 위쪽에 가장 자리 여덟 개 기둥에 건너지르는 나무를 박아서 지붕을 받친다. 사진 169, 170은 오늘날의 모습이다.

171

172

173

174

사진 172는 전라북도 김제시 교월동의 정 씨네 사당이다. (1976) 동족 마을답게 사당을 종가(宗家)가 아닌 마을 가운데 세웠다. 사당을 초가로 지은 유일한 보기이다. 사진 174는 앞모습이고, 사진 173은 사당 안의 신위(神位)이다.

사진 175는 전라북도 정읍시 산외면 오공리의 어느 집 상청(喪廳)이다.(1971) 세 칸 초가임에도 좁은 퇴 옆에 상청을 꾸몄다.

사진 176은 전라남도 고흥군 봉래면(외나로도) 어느 마을의 초분(草墳)이다.(1969) 사람이 죽으면 삼 년 동안 관을 마을 외딴 곳에 두어서 살이 다 썩기를 기다렸다가, 뼈를 거두어 솔가지 삶은 물로 깨끗이 닦아서 장례를 치렀다. 초분이라는 이름은 관을 짚으로 덮은 데서 왔다.

사진 177은 전라북도 부안군 어느 마을의 초분이다.(1977) 사진 178은 전라북도 익산시의 한 농가 마당에 차린 회갑상이다.(1970) "만수무강(萬壽無疆)" 좌우에 "복은 북해 깊이처럼(福如北海之深)" "수는 남산 높이처럼(壽如南山之高)"이라고 썼다.

175

176

177

178

제주도

사진 2는 제주시 조천읍의 팽나무이다.(1971) 제주도에 바람·돌·여자가 많다고 하여 '삼다도(三多島)'라 하지만, 팽나무가 빠진 것은 의문이다. 이 나무야말로 앞의 세 가지를 뛰어넘는 표상이자 상징물이기 때문이다. 더구나 찬 바람에 잎을 다 날린 채 마을 어귀나 신당(神堂) 안에 버티고 선 나이 먹은 큰 나무는 신령의 모습 그대로이다.

팽나무는 신이 깃드는 성소(聖所)이다. 제주시 구좌읍의 동복본향당(東福本鄉堂) 본풀이 가운데 본토지관(本土地官)이 상단골(上丹骨)에게 잠자리를 묻자 "나는 사람이 사는 인간처(人間處)하고는 떨어져야 한다. 그러나 멀지 않은 팽ᄌ낭 그늘이 제일 좋다"고 이른다. 또 서천(西天)의 꽃감관(花監官)으로 가는 원강도령을 따라간 원강암은 팽제낭 가지에 올라가서 밤을 지냈으며, 이때 천황(天皇)닭과 지황(地皇)닭이 울었다고 한다.(「불도맞이」 이공본풀이)

팽나무 자체를 신으로 여겨서 마을의 무사태평과 생업의 풍요를 빌기도 한다. 「세경본풀이」에 "문도령 집 먼 올레에 하늘옥황 궁녀들이 팽제낭 상가지(上枝)에 올라앉아 노래 부른다"는 대목이 있다. 구좌읍 송당본향당(松堂本鄉堂)에는 일제강점기에 양 아무개가 나무를 벤 탓에 아들과 손자가 죽었다는 말이 전한다.

신의 심부름꾼인 까마귀는 이 나무에서 죽음을 알린다. 높은 가지에 앉아 울면 노인이, 중간 가지는 중년이, 낮은 가지는 젊은이가 죽는다는 것이다. 현기영(玄基榮)은 "개 짖는 소리도 닭 우는 소리도 듣기 싫어 마을에서 멀리 떨어진 한갓진 곳, 우거진 팽나무 그늘 아래에서 수백 년 조용히 좌정해 오던 당 할망들"이라고 적었다.(「변방에 우짖는 새」) 여름철에는 그늘에 모여 앉아 세월을 이야기하고 더위를 식히며 쉰다. 「초공본풀이」에 "하루는 하도 심심해서 삼도 전거리(삼거리)로 나가 팽ᄌ낭 그늘에서 바둑 장기를 두고 있더니마는, 말 모르는 가막중생(까마귀 짐승)도 알을 치어 새끼를 까서 가옥가옥 울어 가고…" 하는 대목이 있다. 제주도에서는 '폭낭' '팽ᄌ낭' '팽제낭'이라 부른다.

사진 3은 제주시 조천읍 와흘리 본향당의 팽나무이고 (2012), 사진 1은 서귀포시 표선면 성읍리의 것으로 천연기념물 제161호로 지정되었다.(1971)

1

2

3

사진 6은 제주시 애월읍 애월리의 돌담집이다.(1975) 바람이 마당으로도 새 들어오지 않도록, 처마를 성곽처럼 쌓은 돌담에 이어 붙였다.(**평면도 1**)

'삼다' 가운데 첫손에 꼽히는 것이 바람이다. 이를테면 바람이 가장 센 서쪽 한경면 고산지역 일대의 겨울 풍속은 초당 9미터가 넘으며, 초당 8미터 이상 부는 날이 한 해 이백오십칠 일이나 된다. 바람이 초당 8-11미터에 이르면, 작은 나무는 뿌리가 뽑힐 만큼 흔들리고 바다의 물결은 2미터쯤 일어난다. 제주도 집에 가장 큰 영향을 끼친 것은 겨울철 북서계절풍이다. 지붕에 용마름 대신 그물처럼 엮은 굵은 줄을 덮고, 집 대문 앞에 돌담을 두르거나(**사진 7,** 1971), 집 앞에 구불구불한 올레를 마련하며(**사진 8,** 1971), 처마에 풍채를 달고, 정낭을 대문으로 삼은 것은 모두 이 때문이다. 올레는 바람막이이기도 하다.

사진 4는 지붕을 덮은 줄을 처마 밑으로 돌아가며 걸어 놓은 굵은 대나무에 잡아매어 조인 모습이고, **사진 5**의 오른쪽은 그물을 엮으려고 사려 둔 각단이다.

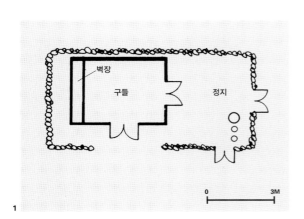

6

7

8

사진9는 제주시 조천읍 교래리의 말코지집이다.(1985) 김홍식(金鴻植)은 "말코지집이란 말이나 사는 형편없는 집이란 뜻으로 여겨진다. (…) 이 집은 외기둥집이라고도 부르고 무속신화에는 청기와집이라고도 부른다"고 적었지만,『제주도 무속자료사전』(현용준, 1980, 신구문화사)에는 보이지 않는다. 그러나 사람이 겨우 들어가 살 정도로 작게 지은 오두막임에는 틀림없다.

한편,『제주도방언사전』(1995, 제주도)은 말코지가 "무명을 날 때 도투마리를 버티는, 땅에 박는 조금 굵은 꼬챙이"라면서, '말코지동'은 상투기둥이고, 말코는 말뚝을 가리킨다고 하였다. 따라서 말코지의 '말'은 말(馬)이 아니라 기둥으로 보는 것이 더 그럴듯하다. 김홍식의 외기둥집이라는 말과도 맞아떨어지는 까닭이다. 또 제주도에서는 위에 상투처럼 내민 장부나 촉을 지어서 도리에 뚫은 구멍에 끼우는 기둥을 '상투기둥'이라 한다. 그러나 '코지'는 '곶'의 제주도말로, 집과 아무 연관이 없는 것이 걸림돌이다. 바람센 곳을 '보름코지', 바다 쪽으로 뾰족하게 뻗은 육지를 '바당코지'라 하며, 이를 '바닷가'의 뜻으로도 쓰는 것이다.

이 집은 돌 벽을 쌓고 나서 한가운데에 '백이기둥'(주추를 놓지 않고 땅에 박은 기둥)을 세우고, 길이 2미터쯤의 짧은 숭마루(마룻대)를 받치고 서까래를 벽에 걸쳐 놓았다. 숭마루(마룻대)가 벗어나지 않도록 기둥 위를 지게작대기처럼 아귀를 지어 깎은 데서(사진 10) '상투기둥'이라는 말이 나왔을 것이다.

내부시설이래야 불을 피우는 봉덕(봉당)이 거의 전부이며(평면도 2 참조), 그 옆에 검질(짚이나 잡풀)로 짠 자리를 땅바닥에 깔았다.(사진 11) 창은 없으며 문은 거적문으로, 낮에는 둥글게 말아서 위에 걸었다가 저녁에 내린다. 솥 옆의 물항(물두멍)마저 금이 가서 철사로 동였다. 정지 세간이래야 솥 한 개와 냄비 두어 개가 전부이다.(사진 12) 이로써 석기시대에 움집에서 살던 사람들이 청동기시대에 땅 위에 집을 짓게 된 과정을 알 수 있다.

9

10

11

12

13

사진 14는 제주시 조천읍 신촌리의 막살이집이다.(1980)
'막살이'는 '오막살이'의 준말이다. 이는 오두막처럼 작고
초라한 집이나 그런 집에서 사는 사람, 또는 허술하고 초라
한 작은 집에서 사는 일을 가리킨다.

앞의 집과 달리 정지와 구들로 이루어진 두 칸 집이다.(**평
면도 2**) 말이 구들이지 불을 때지 못하며, 앞에 붙인 문으로
겨울의 찬 바람을 덜 뿐이다. 그나마 겨울을 제외한 계절에
는 땅바닥에 깔아 놓은 널판에서 지내므로 쓸모도 적다.(**사
진 13**) 봉덕은 앞의 집과 같다. 출입구에 어엿한 두짝열개
의 널문을 달았으며, 동벽에 낸 창 덕분에 집안이 덜 어둡
다.

집 주위에 돌담을 두르고 작으나마 우영(텃밭)까지 갖추었
다. 오른쪽으로 장항(장독)의 일부가 보인다.(**사진 15**)

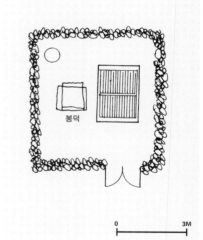

봉덕

0   3M

2

14

15

사진 18은 제주시 구좌읍 세화리의 막살이집이다.(1980) 방과 정지로 구성된 두 칸 집이다. 구들과 정지 앞을 제외한 삼면에 돌담을 둘렀다. 바람을 막으려고 정지에 널문을 붙이고도 담 사이를 막았다.

몸채 뒤의 작은 공간이 뒤꼍이다.(**사진 19, 20**) 구들 뒤로 널문이 보인다. 드나들기 편하도록 장항(장독)들을 정지 뒤에 바짝 붙여 놓았다. 바닥에 팡(잔)돌을 두어 겹으로 깔아서 물이 잘 빠진다. 이를 '굽'이라 부른다. 물이 새는 지붕을 손보려고 사닥다리를 걸어 놓았다. 솥이래야 양은솥 둘뿐이다.(**사진 21**)

통시(뒷간)는 반드시 정지 반대쪽에 둔다.(**사진 16**) 그 내력은 다음과 같다.

아들 일곱을 둔 남선고을의 남선비는 장사 길에 나섰다가 오동고을 노일제대귀일의 딸에게 가진 것을 다 털리고 그네와 함께 살았다. 남편을 찾아 나선 여산부인은 둘을 데려와 같이 지냈다. 그네를 물에 빠뜨려 죽인 첩은 아들들까지 없애려다가 통시 디딜팡(부춛돌)에 목 매 죽었다. 아들이 얻어 온 서천의 환생 꽃 덕분에 되살아난 여산부인은 정지지기가 되고, 첩은 통시의 측도(厠道)부인이 되었다.

이 뒤부터 정지의 것은 먼지 한 톨도 통시에 가져가지 않고, 통시의 것도 정지로 옮기지 않는다. 뒷간의 경상도 사투리 '통시'가 제주도에 들어간 것은 이례적이다.

사진 17은 이 고장에서는 보기 드물게 대문에 붙인 입춘첩이다. 용과 범이 지키는 가운데 문신이 살펴서 악귀를 쫓는다는 뜻이다.

16

17

18

19

20

21

22

23

제주도에서는 안채를 '안거리', 바깥채(행랑채)를 '밧거리', 이 둘 사이에 마주 선 건물을 '모거리'라 부른다. 안거리의 '거리'는 '채'와 같다. '모'는 본디 모서리나 모퉁이처럼 물건의 거죽으로 쑥 나온 귀퉁이, 공간의 구석이나 모퉁이, 선과 선의 끝이 만난 곳을 가리키지만, 제주도에서는 옆을 나타내는 말로 쓴다. 그러나 내륙에서도 젊은이가 서열이 높은 어른과 마주 앉지 못하고 옆으로 꺾어 앉는 것을 '모로 앉는다'고 한다.

집의 크기도 '두거리집' '세거리집' '네거리집'이라 이른다. 두거리집은 서민가옥, 세거리집은 중류가옥, 네거리집은 상류가옥인 셈이다. 두거리집에서는 흔히 안거리와 밧거리를 마주 세우지만, 사진 24, 25처럼 안거리 옆에 모거리를 두기도 한다.

중류가옥의 밧거리는 사진 22처럼 대문·쉐왕(외양간)·구들 세 칸으로 구성되며, 모거리에는 헛간 따위가 들어선다. 상류가옥에서는 이곳에 딴정지를 두고 밥을 짓거나 음식을 끓이기도 한다.

사진 23은 사진 22 집의 올레이다. 중상류가옥의 올레 높이는 1.5미터쯤이며 너비도 그만큼 잡는다.

24

25

사진 26은 서귀포시 성산읍 수산리의 집이다.(1970) 왼쪽에서부터 정지·작은구들·상방·큰구들·굴묵으로 이루어진 네 칸짜리 안거리이다.(**평면도 3**) 지붕은 탄력이 강한 고무줄로 얽었다.

흔히 큰구들 윗목에 대나무 홰를 걸고 이부자리를 얹었지만, 이 집에서는 선반을 매고 궤(앞닫이)와 이부자리를 올려놓았다.(**사진 27**) 굴묵 쪽에 너비 80센티미터에 높이 1미터쯤의 벽장을 붙였다.

사진 28은 정지이다. 식기를 넣은 살레(찬장)는 한쪽으로 씰그러졌다. 선반에 널 대신 대쪽을 깔아서 물이 잘 빠진다. 찬장 위의 네모 소반보다 오른쪽 귀퉁이에 기대 놓은 둥근 밥상을 주로 쓴다. 왼쪽으로 석유풍로가 보인다.

사진 29의 고팡에 곡식 항아리와 플라스틱 바구니 따위가 어지럽게 놓여 있다. 바닥은 봉덕이다. 고팡은 반드시 살림을 맡은 아낙네가 기거하는 큰구들 뒤에 두며, '고팡물림'이라 하여 그네가 며느리에게 살림을 넘겨줄 때 열쇠도 건넨다.「시왕맞이」에 살림을 물려받은 강님의 큰 부인이 상(上)고팡에 들어가 나주영산(羅州靈山) 은옥미(銀玉米)를 꺼내 절구질을 한다는 대목이 있다.

영남지방에서도 며느리가 들어와 네다섯 해 지나면 시어머니가 살림을 물려주면서 방도 바꾼다. 며느리는 안방으로 들어가고 시어머니는 머리방(건넌방)으로 물러나는 것이다. '안방물림'이라는 말은 이에서 나왔다.

사진 30은 장항이다.

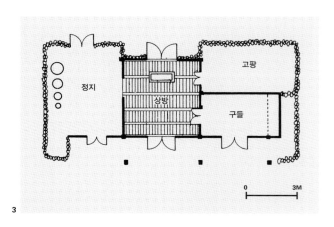

3

26

27

28

29

30

사진 32는 서귀포시 성산읍 수산리의 한 상류가옥이다. (1985) 처마 밑에 붙인, 새(茅)로 엮은 풍채를 긴 장대 세 개로 받쳤다. 거센 비바람을 덜기 위해 처마를 길게 빼지만 그것으로도 모자라서 이것을 단다. 여름에는 들어 올려 뜨거운 햇볕을 가리고, 소나기가 쏟아질 때는 내려서 집안으로 물이 튀어들지 않게 한다. 상류가옥에는 거의 모두 풍채를 마련한다.

사진 34는 이 집의 구들 내부이고, 사진 33은 구들 앞 격자문이다. 가운데에 격자 크기를 작게 해서 변화를 준 것이 눈에 띈다. 이 문은 부자들도 구들에만 붙이며 나머지는 모두 널문이다. 문에 창호지를 바르면 비바람을 견디기 어려운 까닭이다.

사진 35의 오른쪽은 대문, 왼쪽의 작은 것은 호령창이다. 제주도에서는 상방 출입문을 대문으로 삼으며, 밧거리에 달린 문은 '이문' 또는 '먼문(遠門)'이라 한다. 「시왕맞이」에 "강님의 큰부인은 강님이 저승 가 삼년상 첫시께(첫 제사)가 돌아오난 걸명(제물을 조금씩 떼어 올레에 던져서 잡신을 먹이는 일)을 흐레 먼문 뱃기(밖에) 나왔네"라는 대목이 있다. 중류 및 서민가옥에서는 대문을 정낭이 대신한다. 호령창이 '아랫사람에게 호령하는 창'이라는 말은 믿기지

않는다. 추운 때는 작은 문으로 드나드는 것이 보온에 유리하고, 여름에는 바람을 불러들이려고 덧붙였을 것이다. 따라서 내륙의 샛문과 같은 셈이다.

널문은 톱으로 켜지 않고 도끼로 쪼갠 뒤 자귀로 다듬는다. 목재가 풍부한 덕분에 흔히 널 한 장으로 문을 삼는다. 감은 굴무기낭(느티나무)이나 먹구슬낭(먹구슬나무)이 으뜸이며, 사오기(벚나무)도 더러 쓴다. 굴무기낭은 못을 박아도 들어가지 않고 구부러질 만큼 단단해서 절구 감으로도 손꼽힌다. 대문과 고팡문은 반드시 이들로 마련한다.

사진 31의 상방은 집 안의 중심 공간으로, 이곳에서 손님을 맞으며 제사나 혼례도 치른다. 제사는 문전·고팡·조왕 세 집지기 가운데 문전 제사를 가장 먼저 지낸다. 다음은 「문전본풀이」의 한 대목이다.

"문전(門前)님전 위(位) 돌아갑네다. 날 적이도(나갈 때도) 문전, 들 적이도 문전, 안문전(內門前)은 여레둡(十八) 밧(外)문전은 수물여둡(二十八) 시여나도(헤어나도) 문전, 시여들어도 문전(헤어들어도), 일루럽(모름) 대법천왕(大法天王) 일문전(一門前) 문전 모른 공수(恭神의 잘못으로 축원의 뜻임) 있소리까. 주인 모른 나그네 있소리까. 이 문전 남산국(본디 태어난 곳과 그 내력)이 되옵네다."

31

32

33

34

35

36

사진 37은 서귀포시 남원읍의 고영환 집 안거리이다. (1971) 이른바 개량형이다. 큰구들의 출입문을 세살 두짝의 미닫이로 바꾸고, 작은구들을 처마 앞쪽으로 내면서 유리창과 미서기를 달아서 이중창으로 꾸몄다. 이 때문에 작은구들이 큰구들 구실을 한다.(사진 39) 벽장문을 떼고 개방한 것도 큰 변화이다. 벽장의 궤와 옷장, 그리고 바닥에 깔린 양탄자도 돋보인다.

궤는 굴무기낭(느티나무)으로 짜며 옷 외에 대대로 내려오는 집문서나 땅문서 따위도 보관한다. 애랑에게 홀린 배비장(裵神將)이 궤(높이 60센티미터에 가로 80센티미터, 너비 40센티미터쯤)에 들어가 숨었다가 망신당하는 「배비장전」의 내용은 과장이 지나치다.

사진 38은 작은구들의 문이다. 널문을 두 부분으로 나누고 위에는 '아(亞)'자살을, 아래에는 팔모 격자살을 먹여서 꾸몄다.

상방이나 정지는 연등천장으로 꾸미되, 사람의 눈에 잘 띄는 상방 천장은 진흙을 매끈하게 덧바른다.(사진 40) 바람을 피하려고 지붕의 물매를 느슨하게 잡은 탓에 낮은 동자기둥 위에 마룻보를 걸고 그 위에 숭마루(마룻대)를 얹었다.

사진 36은 털어낸 보릿짚이나 조짚을 둥글게 차곡차곡 쌓아 놓은 더미인 '눌'(낟가리) 또는 '눙왓'으로, 비에 젖지 않도록 안거리나 밧거리의 마당 한쪽에 마련한 높이 50센티미터의 단 위에 쌓는다. 땔감으로 쓰거나 통시에 깔았다가 거름으로 내며, 우마의 여물로도 이용한다. 살림 형편에 따라 눌의 크기가 다르고 수도 여럿이므로, 특히 색시 집에서 딸을 여읠 때는 중매쟁이에게 먼저 상대의 눌 크기와 수효를 물었다.

「각도비념」 가운데 눌굽지신에게 "금(金)마당의 상(上) 눌굽, 중 눌굽, 하 눌굽마다 노적(露積)을 잔뜩 쌓게 해 줍시오" 하고 비는 대목이 있다. 눌 자리는 눌굽, 물을 쌓는 일은 '눌 누기'라 한다.

37

38

39

40

41

42

사진 41-44는 제주시 한림읍 수원리의 임병호 집이다. (1980) 네거리집은 제주도 특유의 거주 관행에서 왔다. 내륙처럼 부모는 안거리에서 아들 내외는 밧거리에서 지내지만, 부모가 나이 들면 아들이 안거리로 들어가고 부모는 밧거리로 물러난다. 이때부터 밥도 따로 지어먹는 등 살림을 남남처럼 해 나간다. 안거리와 밧거리에 채소를 가꾸는 우영(텃밭)과 쉐막(외양간)을 따로 갖춘 것도 이 때문이다.

어머니가 죽고 아버지만 남으면 그때부터 아들 내외가 돌보지만, 어머니만 남으면 물질을 하는 한 따로 지낸다. 따

43

44

라서 아낙네가 실제의 호주인 셈이다. 아들은 부모가 움직이기 어려울 때부터 돕는다. 피를 나눈 부모 자식 사이라도 독립하지 않으면 생존이 어려웠던 시대의 자취이다.

우영은 '우잣'이라고도 한다. 안거리를 잣대로 동쪽의 것은 '동녘우영', 서쪽의 것은 '서녘우영', 북쪽은 '북녘우영', 남쪽은 '남녘우영'이라 이른다.

사진 41은 안거리, **사진 42, 44**는 모거리, **사진 43**은 밧거리이다. 이 집은 제주민속촌에 옮겨 놓았다.

45

46

사진 45, 46은 제주도 한 농가의 마구이다.(1971) 마구에 남방애를 두고 곡식을 찧거나 빻는 한편, 여물도 주는 까닭에 마소는 자신의 분신으로 여긴다. 따라서 불이 났을 때 남방애를 들어내지 않으면 아무리 끌어도 꼼짝 않으며, 끌어내더라도 남방애가 그대로 있으면 다시 들어간다.

마구 왼쪽 기둥에 "良馬內廐(마구에 좋은 말이 있다)"라는 입춘첩이 보인다.(1971)

7월 백중 무렵, 마을마다 본향당(本鄕堂)에서 축산신 정수남에게 마소의 번성을 바라는 마불림굿을 올린다. 제주시 구좌읍 김녕리 본향당 비념 가운데 "칠월 열사흘날, 열나흘날 아침 마불림 대제일(大祭日) 받고"라는 대목이 있다. 소를 먹일 때는 이곳을 쇠막이라 부른다.

사진 47은 이문간(대문간)이다.(1971) 말을 여러 마리 먹이려고 한쪽 네 칸을 모두 마구로 꾸몄다. 옛적에는 건너 쪽에 하인의 이문방을 들이고 이문간방이라 불렀다.

쓰지 않는 쟁기는 천장에 걸어 둔다.(사진 48) 한갓지기도 하려니와 습기도 차지 않아 안성맞춤이다.

사진 49는 이문(대문)의 멍석이다.(1971) 이문 천장에서 내

47

48

49

린 줄에 멍석 네 닢을 가로 걸고 그 위에 작은 것 두 닢을 덧
얹었다. 멍석이 벽에 닿아 상하지 않도록 한 닢을 둥글게
말아서 이들 뒤로 세운 것도 여간한 정성이 아니다. 이것
을 깔아 놓은 굿자리가 멍석골이다. 「불도맞이」 때 작은
무당이 "멍석골 넘엉(넘어) 멍석골로 제청(祭廳) 앞골로
가민(가면) 뒈주마씸(됩니다)" 하는 사설을 늘어놓는다.
마소를 잃으면 메밥 담은 보시기 네 개와 바닷고기 한 마
리에 술 한 잔을 차리고 마구할망에게 "아무 날 아무 시
집 나간 나(내) 쇠(소) 춫아줍서"을 조린다.

50　　　　　　　　　　　　　51　　　　　　　　　　　52

사진 53-56은 부섶과 봉덕이다.

땅바닥에 박은 네모 돌이 부섶이다. '부섶'은 '불'과 '섶'의 합성어로, '부'는 '불'의 ㄹ이 떨어져 나간 꼴이고, '섶'은 땔 감으로 쓰는 나무 종류를 일컫는 '섶나무'의 준말이다. 사진의 것은 네모이지만 땅바닥에 작은 돌을 둥글게 놓기도 한다. 신석기시대 화덕이 바로 이것이다. 삭정이·조짚·깻잎·콩깍지 따위에 불을 붙여서 간단한 음식을 끓이거나 추위를 덜며, 광솔불로 실내를 밝히기도 한다.

봉덕은 봉당과 연관이 깊다. 제주도에서는 봉당을 봉덕이라 하므로 '땅에 박은 돌'로 새길 수 있다. 정지의 봇돌 옆으로 나란히 세운 돌을 '덕돌'이라 부르는 점도 기억할 일이다. 따라서 봉덕은 부섶보다 먼저 생긴 이름이다.

부섶 위에 얹은 것은 고리에(**사진 54**)로, 젖은 옷 따위나 덜여문 피, 메밀 이삭도 말린다.

사진 56은 상방의 부섶으로, 시간이 지나면서 땅바닥의 부섶은 상방의 복판 조금 위에 박혀서 화덕 구실을 한다. 석쇠를 올리고 고기도 굽는다.(**사진 55**) 넓이는 60×40센티미터쯤, 깊이는 10-15센티미터, 두께는 5센티미터이다.

제주도에서는 정지지기를 '삼덕조왕'이라 일컫는다. 삼덕의 '덕'은 솥을 괴는 세 개의 돌이다.(**사진 50**)「초감제」의 한 대목이다.

"삼덕에 올라 제조왕(諸竈王) 살려옵서. 초ᄒᆞ를(초하루) 초덕, 초이틀 이덕, 초사을(초사흘) 삼덕, 검은덕 화덕조왕(火德竈王), 동은 청제(靑帝)조왕, 서읜(서에는) 백제(白帝)조왕 낭근(남에는) 청제(靑帝)조왕, 북은 흑제조왕, 중앙 황제조왕 팔만ᄉᆞ천대조왕(八萬四千大竈王)님덜 지국성ᄒᆞ전(下傳)ᄒᆞᆸ서."

화덕을 흔히 '火德'이라 적고 불의 덕이 큰 데서 왔다고 하나, 그보다 '덕'은 널이나 막대기 따위를 나뭇가지나 기둥 사이에 얹어서 만든 시렁이나 선반과 연관된 것으로 보아야 한다. 앞에서 든 대로 '삼덕'은 세 개의 돌을 가리키기 때문이다. 일본 오키나와 일대, 중국 운남성 소수민족들도 이들을 부엌지기로 받든다.

솥과 정지 벽 사이의 좁은 공간이 '불치통'으로(**사진 58**), 검부러기 따위를 태워서 생긴 재를 이르는 불티에서 왔다. 솥 뒤에 있다고 하여 '솥뒤광' '솥등얼' '솥뭇'이라고도 한다. 불티는 불기가 완전히 없어질 때까지 그대로 두었다가 똥에 버무려 밭으로 옮겨서 거름으로 준다. 이것이 똥재이다. 옛적에는 그 똥을 거름으로 쓰려고 불치통 위에 횃대를 걸고 닭을 재웠다. 불치통을 성소로 여겨서 정지지기에게 제사를 지낸 뒤 제물의 일부를 이곳에 던진다.

솥은 크기에 따라 서말치(서말들이)·두말치·외말치로 나눈다. 서말치나 두말치는 메를 짓거나 메주콩을 삶으며, 외말치는 밥을 끓인다. 양은솥은 '찬솥' 또는 '냄비'라고 부른다.

정지에는 굴뚝이 없으며, 벽에 낸 작은 구멍이 이를 대신한다.(**사진 57**) 피어오르는 연기는 그을음으로 바뀌어 천장에 들러붙으며, 이는 벌레가 꾀는 것을 막아서 천장의 수명을

늘리는 구실도 한다.

사진 51은 솔칵(관솔)이다. '솔'은 소나무, '칵'은 송진을 가리킨다. 이에 관솔불 따위를 올려놓아 정지나 마당에 불을 밝힌다. '등경'이라고도 부른다.

농사에, 물질에 눈코 뜰 새 없이 바쁜 때는 식구들이 정지 바닥에 밥 낭푼(양푼)을 놓고 방석(**사진 52**)을 깔고 둘러앉아 먹는다. 따라서 방석의 수로 식구의 많고 적음을 알 수 있다.

59

60

61

62

63

64

65

사진 61은 물 긷기이다.(1971)

비가 한 해 1500밀리미터나 내리지만 내리자마자 땅속으로 스며들어서 언제나 물 부족에 시달린다. 돌바닥이라 우물을 파기도 어렵거니와, 비가 내려도 두 시간이 못 되는 사이에 다 빠져 나가는 것이다. 혼인이나 상례와 같은 큰일 때 이웃에서 물 부조를 하는 관습도 이에서 나왔다. 많은 손님을 위한 음식 장만을 하려면 한두 사람이 허벅(물동이)으로 길어대는 것으로는 어림도 없었기 때문이다. 이웃에서 대여섯 허벅씩 부조하며 뒤에 반드시 갚는다.

김정(金淨, 1486-1521)도 『제주풍토록』에 "한라산과 제주읍에는 샘이 매우 적어서 오 리나 떨어진 곳에서 물을 긷는다. 가깝다지만 이 때문에 하루 한두 번이 고작이다. 그러나 짠 샘〔鹹泉〕이 많으며 한 번에 많이 기르려고 모두 나무통으로 나른다(물건은 모두 여자들이 어깨로 져 나른다)"고 적었다. 허벅이 퍼지기 전에는 나무통을 이용한 것이다. 산간지대에 내린 비가 여러 갈래의 물길을 거친 끝에 해안지대에서 다시 솟아오르는 것을 '용수(湧水)' 또는 '용천수(湧天水)'라 한다. 해안의 큰 마을에서는 용천수 자리에 샘을 마련하고 물길을 길게 내는데, 가장 가까운 데 것은 먹고, 조금 떨어진 것은 채소를 씻으며, 끝자락의 것은 허드렛물로 이용한다.(**사진 59**) 중산간지대의 물은 '봉천수(奉天水)'라 한다.

물은 허벅에 담아 나른다.(**사진 61**) 허벅은 부리가 좁아서 흔들려도 좀체 넘치지 않으며, 배는 둥글고 바닥은 평평하며, 구덕(바구니)에 담아 어깨에 멘다.(**사진 62**) 거리가 멀면 한 번에 가지 못하고 중간에서 쉬어야 한다.(**사진 63**) 구덕 바닥에 너른 대쪽을 깔아서 물배(줄)로 지기 편하다.(**사진 60**) 집마다 정지 입구에 허벅을 내리는 물팡(높이 80-120센티미터)을 마련한다.(**사진 65**) 물은 구덕을 벗지 않고 선 채로 허리를 옆으로 굽혀서 정지 귀퉁이의 물항에 쏟는다.(**사진 64**) 물항은 정지에 한 개 두지만 바깥에도 두어 개 두어서 큰일에 대비한다.

허벅은 혼인식 등에 반주 악기 구실도 한다. 허벅 주둥이를 손바닥으로 덮었다가 떼거나, 대젓가락으로 허벅의 어깨를 두드려서 '허벅장단'을 치는 것이다. 허벅장단 서너 개가 합치면 노래꾼은 물론이고 듣는 사람의 흥도 절정에 이른다.

66

사진 70은 춤물 받기이다.(2000) 물이 귀한 고장이라 나무에 흐르는 빗물도 받아서 허드렛물로 쓴다. 줄기는 물론이고 가지마다 잎이 너른 조록나무 또는 동백나무 잎을 묶어두면 아래의 물항으로 흘러 떨어진다. 이를 '춤물'이라 부른다. 뚜껑을 덮고 일주일쯤 지나면 불순물이 가라앉으면서 푸른 기가 도는 맑고 맛 좋은 물로 바뀐다. 춤항이 많을수록 부자 소리를 듣는다. 일본 오키나와에서도 같은 방법을 쓴다.

사진 67은 물통이다. 사람이 채소를 씻거나 목욕을 하려고 용천수에 마련한 곳이 물통이다. 처음에는 우물처럼 둥근 시멘트 통을 박았다가 뒤에 돌담을 둘러쌓았다. 한 마을에 용천수가 서너 개 있어도 남녀용 둘만 설치하고 남탕·여탕이라 부른다. 물통 안의 물이 솟는 데서(사진 69) 한 노인이 채소를 씻는다.(사진 68)

물때를 놓치면 바닷물이 물통 위로 차올라서 뜨지 못하므로, 이튿날 아침 물때에 맞추어야 한다. 그러나 사람들은 빈 허벅을 지고 길을 가로지르면 재수 없다고 하여 마주치기를 몹시 꺼린다. 농부는 쟁기 보습이 부러지고, 학생은 시험에 떨어지며, 장사꾼을 손해를 본다는 것이다. 빈 허벅을 지고 남의 집에 들어가지 않는 것도 이 때문이다. 또 물 긷기가 아낙네 일인 데서, 아내와 헤어지려는 남편은 빈 허벅을 지고 마을로 돌아다녀서 사람들에게 알린다.

사진 66은 용천수에서 빨래하는 아낙들이다. 이곳에 말이 와서 물을 먹기도 먹는다.

71

72

사진 71은 제주도 한 농가의 정낭이다.(1985) 도둑 없는 고장이라 부자가 아니면 문을 따로 달지 않고 정주목과 정낭으로 대신한다. 정주목은 구멍 셋을 뚫은 나무(길이 90센티미터, 너비 18센티미터, 두께 10센티미터쯤)로 입구 양쪽에 붙박으며, 정낭은 그 구멍에 가로 거는 나무이다. 집에 아무도 없으면 셋을 다 걸고(사진 73), 있으면 모두 내려놓으며(사진 71), 이웃에 갈 때는 둘만 남긴다. 따라서 찾아온 사람은 이것을 보고 돌아가거나, 주인이 나타나기를 기다린다. 본디 마소가 함부로 드나드는 것을 막기 위한 것이었다. 근래에 돌 정주목이 퍼졌다. 집으로 들어가는 올레에 마련하는 데서 '올레지기'라고 하며, 「문전본풀이」에는 "남선비의 큰아들 넋"으로 등장한다.

사진 74-76은 돌담이다. 담에는 외담, 잣굽담, 배케담 셋이 있다. 외담은 알맞은 크기의 돌을 차곡차곡 쌓고(사진 74), 잣굽담은 잔돌 서너 커를 깔고 나서 큰 돌을 올리며(사진 75), 배케담은 바닥에 큰 돌, 중간에 작은 돌, 맨 위에 큰 돌을 올린다.(사진 76) 우람한 느낌을 주는 배케담은 관아 주위에 많다. 가장 흔한 것이 외담이며, 잣굽담은 집터나 밭을 고를 때 나오는 잔돌 처리를 위한 방편으로 생겼을 것이다. 되는 대로 쌓은 듯이 보이는 외담이 거센 바람을 견디는 것을 보면 신기하기 짝이 없다.

사진 72는 제주시 애월읍 상귀리 김 씨 집의 집안의 재운을 관장하는 칠성눌이다. 해마다 덧덮어서 그만큼 더 부자가 되기를 바란다.

73

74

75

76

사진 79는 제주시 한림읍 수원리의 임병호 집 사당이다. (2000) 제주도에 하나뿐인 세 칸 사당으로, 담을 치고 문을 달았으며(사진 78) 지붕은 기와로 덮었다. 부모·조부모·증조부모 삼대의 궤연을 차린 것도 그렇거니와, 궤연의 높이를 세대 간에 차이를 둔 것이 눈에 띈다.(사진 81) 사진 80은 이 사당에 모신 신위이다. 이 집은 제주민속촌에 옮겨 놓았다.

이 사당은 문화의 중심지에서 떨어진 변방의 열등감이 얼마나 뿌리 깊은가를 알리는 좋은 보기이다. 제주도에서 세 칸 기와집에 살기도 어려웠던 점을 생각하면 지나친 허례임에 틀림없다. 효의 개념은 인류의 보편적 사상이고 동양에서는 유교에서 강조하였지만, 정작 중국에서는 이처럼 맹목적으로 나서지 않았다. 또 우리는 "남녀가 일곱 살이 되면 한 자리에 앉지 않는다(男女七歲不同席)"는 『예서(禮書)』의 말에 따라, 남성 중심의 사랑채와 여성 중심의 안채를 따로 세우고 그 사이에 담을 쳐서 남남처럼 지냈지만, 정작 중국에서는 가족이 함께 지내며 단란을 누렸던 것이다.

재운을 관장하는 칠성신에는 아낙이 받드는 고팡의 안칠성과 지아비가 모시는 뒤안의 바깥칠성이 있다. 안칠성은 건궁칠성이지만, 바깥칠성의 신체는 뱀이며 원뿔꼴로 짠 주저리로 안에 곡식 단지, 실 꾸러미, 오색 천 따위와 함께 모신다. 칠성부군(七星府君)인 뱀이 밖으로 나가면 재물이 줄어든다고 여겨서 마당에서 돌아다니면 주인이 손을 비비며 "햇볕을 쬐셨으면 어서 다시 들어가십시오" 읊조린다. 안칠성을 모신 항아리를 '칠성항'이라 부르며, 햇곡이 나면 이곳에 두었다가 쓴다. 명절 때 칠성에게 바치는 고팡상은 반드시 아낙네가 들고 들어간다.

칠성은 북두칠성에서 온 말로, '칠성여래(七星如來)' 또는 '칠아성군(七牙星君)'이라고도 한다. 내륙에서는 주로 가정의 평안과 어린아이의 수명장수를 빌지만, 제주도에서는 재물을 관장하는 신으로 받든다. 해마다 주저리를 덧올리는 데는 재물이 그만큼 늘어나기를 바라는 뜻이 들어 있다. 크고 작은 굿에서 반드시 「칠성본풀이」를 읊조리는 까닭도 이에 있다. 대강의 내용은 다음과 같다.

장설룡 대감 내외는 불공을 드리고 얻은 아기씨가 커서 중의 아이를 배자 그네를 무쇠상자에 담아 바다에 버린다. 상자를 건진 제주도 함덕리의 잠수(潛嫂)는 뱀이 된 아기씨와 아이들 덕분에 부자가 되어 칠성으로 모신다. 온 마을이 칠성을 받드는 것을 본 함덕리 본향신 서물할망이 샘이 나서 쫓는다. 일가는 칠성통 송 씨 집안으로 들어가서 그 집을 큰 부자로 만든다. 뒤에 막내아이는 밧(밖)칠성이 되고 어머니는 안칠성이 되었다.

사진 77은 제주시 추자면 대서리(횡간도) 어느 집의 감실이다.

78

79

80

81

82

83

통시는 돗통과 뒷간으로 구성된다. **사진82**는 제주도 한 농가의 돗통이다. 돗통은 돼지가 쉬는 공간으로, 담장을 두르고 비를 긋기 위해 지붕을 얹는다.(2000) 뒷간은 돗통보다 높이 지으며, 바닥에 놓은 두 개의 팡돌에 발을 딛고 똥오줌을 눈다.(**사진83**) 여자들은 이때 달려드는 돼지를 장대를 휘둘러서 쫓는다. 돗통과 달리 뒷간에 지붕이 없는 것이 눈에 띈다. 통시는 길가(**사진84**)나 안거리 뒤에 마련한다.(**사진85**)

돼지를 통시에서 기르는 관습은 중국 춘추전국시대(春秋戰國時代, 기원전 770-기원전 221)에 황하(黃河) 유역에서 처음 시작되었으며, 우리나라에 들어와 전국으로 퍼져나갔다. 사람의 똥을 먹이면 사료 값이 덜 들고, 돼지 똥은 바닥에 깔아 놓은 짚에 섞여서 썩 좋은 거름이 된 까닭이다. 경상남도의 지리산 자락에는 근래까지 남아 있었다.

어린이가 통시에 떨어지는 것은 뒷간지기 '노일제대귀일'이 바닥에서 잡아당긴 탓이라고 한다. 이때는 보릿가루로 빚은 떡(두께 2센티미터에 지름 8센티미터) 백 개를 아이가 들고 "똥떡이요, 똥떡이요" 소리치면서 이웃에 돌린다. 다음은 「문전본풀이」의 뒷간지기 유래담이다.

"…(아들 일곱)이 동서로 와라치라(기세 좋게) 들려드니 (중략) 노일제대귀일의 똘(딸) 백브름(바람 벽) 허우튼언(긁어 뜯어) 백브름 궁기(구멍) 똘롸네(뚫고) 통시에 들어가 쉰대자(五十五尺) 머릿고비(머리 털) 드딜팡(부춛돌)에 목을 메여(매어) 죽고, 일곱성제(七兄弟) 들려들어 죽은 우(上)의 포시흐저(원수 갚고자) 양각(두 다리)을 튼언(뜯어서) 드딜팡을 서련ᄒ고(마련하고) 데가린(대가리는) 그찬(끊어서) 돗도고리(돼지구유) 서련ᄒ고…."

84

85

86

사진 86은 제주도 어느 집의 지붕 잇기이다.(1984) 지붕을 처음 꾸밀 때 억새를 삼분의 이쯤 펴서 먼저 덮고 그 위에 새를 5센티미터 두께로 얹는다. 네 칸 집은 전문가 하나와 보조원 둘이 여섯 시간 걸린다. 처음 두세 해는 해마다 덮다가 네다섯 해 뒤부터는 해거리로 음력 11월에 잇는다. 그러나 장마가 길고 비가 많이 내리는 한라산 남쪽 지대에서는 해마다 손을 본다. 덮고 나면 그 위에 새로 꼰 줄(지름 3-4센티미터)을 그물처럼 얽어서 바람에 날리지 않도록 한다. 그물코는 가로 세로 25센티미터씩이다.

새는, 땅이 메말라서 농사를 두세 해 쉬는 밭에서 가꾼다. 옛적에는 동짓달에 새를 베어 그 자리에서 말렸으나 도난이 잦은 탓에 소에 실어 나른 뒤(새는 부피가 커서 한 바리에 스무 단 싣는다), 단으로 묶어 세우고 이삼 일 말린다. 백 평의 새왓(새밭)에서 백이십 뭇(한 뭇의 지름은 30센티미터쯤)을 거두며, 이것으로 네 칸의 지붕을 덮는다. 밭이 없거나 손이 모자라면 스무 뭇에 팔천 원을 주고 사서 쓴다.(1986년) 새는 보통 밭에서 삼 년이 지나야 고루 자란다. 8월에 거두는 억새는 하루 백 단쯤 베며, 한 단에 이백 원(1986년)이다. 새나 억새는 모두 뿌리가 용마루 쪽으로 가도록 사슬이엉법으로 덮는다.

사진 87은 제주도 어느 집의 쇠뿔 둔테이다.(1971) 상방 대문 장부 끝에 쇠뿔을 씌워서 둔테에 박기도 한다. 장부촉이 오래 갈뿐더러 여닫을 때 매끄러워서 소리가 나지 않는다.

사진 88은 쇠 돌쩌귀 대신 박은 소리나무 돌쩌귀이다.(1971) 대문 위아래를 길이로 째고 너비 10, 두께 1, 길이 80센티미터쯤의 소리나무를 꿴 다음, 설주에 낸 두 구멍으로 빼고 비녀를 질러서 붙박는다.(사진 89)

87

88

89

90

사진 90-102는 서귀포시 중문동 어느 집의 집짓기이다.(1990년대 중반) 집의 좌향(坐向)은 정시(지관)가 쇠(지남철)로 정하며(이를 '작 보기'라 한다), 주인에게 토신제(土神祭) 날짜와 시간도 알려준다. 주추 자리에 일곱 개씩의 팥과 무쇠 조각을 넣어서 부정을 가시며, 기둥에도 닭 피를 바른다. 특히 조천읍 일대에서는 기둥을 나무뿌리 쪽이 위로 가도록 세운다. 잡귀가 기둥에게 "집 안으로 들어가도 좋으냐?"고 물을 때, 기둥이 "나는 거꾸로 서 있어서 모른다"고 하면 되돌아간다고 믿는 데서 왔다.

사진 90은 난간과 작은구들의 전면을 제외한 부분에 외벽(높이 160센티미터쯤)을 친 모습으로 '축 쌓기'라 이른다. 벽의 아랫도리 두께를 잔돌은 60센티미터, 굵은 돌은 30센티미터로 잡는다. 사진 91은 마당 쪽에서 본 정지로, 뒷문자리를 터놓았다. 사진 94는 벽체를 꾸미려고 기둥 사이에 인방을 걸어 놓은 모습이다. 사진 95에서는 숭마루(마룻대)와 보에 걸어 놓은 서까래를 줄로 묶는다. 사진 93은 마룻보 위에 얹은 둥근 대공의 가운데를 오목하게 파서 숭마루(마룻대)를 걸었다.

상량식 때 주인은 숭마루에 베 한 필을 잡아매며, 목수가 무명 자투리에 걸어서 조금씩 들어 올리면 주인과 친척들이 베 위에 돈을 얹는다. 이때 목수는 "숭마루가 너무 무거워서 올라오지 않는다"고 엄살을 피워서 돈을 더 뜯는다. 숭마루가 자리를 잡으면 목수가 노끈으로 코를 꿴 장닭을 끌어올리고 "아무 날 아무 시에 상량하였소" 외치며 자귀로 목을 친다. 첫번째와 두번째는 헛손질을 하고 세번째에 목을 떨어뜨린다. 주인은 이를 들고 네 기둥에 피를 바르고 나서 떨어진 자리에 묻고, 몸통은 삶아서 목수와 주위 사람들에게 술안주로 낸다. 목이 떨어진 방위에 따라 부자(동)나 장수(남)를 누리거나 가난(서)이나 단명(북)의 화를 입는다.

사진 92는 숭마루의 상량문이다.

91

93

94

92

95

96

97

98

사진 96은 작은구들로, 기둥 아랫도리에 아래 인방을 가로 걸은 모습이고, **사진 97**에서는 아래 인방과 땅바닥 사이를 크고 작은 돌로 메우고 있다.

사진 98은 구들이다. 제주도에 구들이 들어온 것은 18세기 이후이다. 『탐라지(耽羅志)』에 "벼슬아치 외에는 구들을 놓지 않는다. 서민들은 땅에 판 구덩이에 놓은 돌에 흙을 바르고 그 위에서 지낸다"고 적혔다. 『성호사설(星湖僿說)』의 "널을 깐 대청은 있으나 구들이 없어서 검질자리(풀로 뜬 자리)를 깔고 지낸다"는 대목도 마찬가지이다. 제주시 일대의 1월 평균 기온이 4.5도인 점을 생각하면 큰 지장이 없는 셈이다. 구들바닥에 고래를 쌓지 않고 막돌로 채

운 것도 이와 연관이 깊다.

사진 100은 내부공사이다. 외벽을 쌓고 나면 먼저 천장을 꾸민다. 구들을 제외한 상방·고팡·챗방·정지 따위에는 반자가 없는 연등천장으로 한다. 두께는 10센티미터쯤이다.

벽은 밖에서 기둥이 보이지 않는 심벽구조로 꾸민다. 입쟁이와 가풀목 사이에 선외와 가른외를 격자꼴로 걸고(**사진 101**) 개벽질을 한다. **사진 102**는 이에 쓰려고 흙에 짚을 버무리는 모습으로, 벽의 두께는 8센티미터쯤이다. **사진 99**는 집의 전면이다.

384

99

100

101

102

사진 103은 줄 꼬기이다. 지붕에 그물처럼 얽어매는 새보다 짧은 풀(길이 40-60센티미터)을 '각단'이라 한다. 네 칸 집의 경우, 이것으로 엮은 줄은 긴 줄(용마루와 나란히 나가는 줄) 27-29개(한 개의 길이는 여덟 발이며 반드시 홀수로 마련한다)와 짧은 줄(세로 줄) 46-48개(한 개의 길이는 여섯 발이며 짝수로 마련한다)가 든다. 굵기는 팔뚝만 하며, 한 단(지름 30센티미터쯤)으로 줄 한 개를 꼬고, 그물 코는 25센티미터쯤이다.

한 사람이 새끼줄 굵기로 꼰 각단을 도래기(돌물레, **사진 103**)에 걸고 돌려서(**사진 104**) 팔뚝 굵기로 불린 다음(다섯 칸 지붕에 덮는 양을 장만하는 데 하루 걸린다), 다시 두 가닥으로 접어 작대기에 걸고 엮는다.(**사진 105**) 이때 두 줄을 쥔 사람은 오른쪽으로 돌리고, 작대기 앞 사람은 도래기에

펜 줄을 왼쪽으로 돌려 나가며(**사진 106**), 다른 하나는 중간에 서서 줄을 벌려서 꼬이는 것을 막는다. 넷이 네 칸 집 각단 마련에 여덟 시간쯤 걸린다. 각단은 거왕(처마 밑으로 돌린 왕대나무)에 잡아매며, 처마에서 가까운 줄과 줄 사이를 꿰어 나가면서 옥가리(노가리나무나 왕대나무)로 걸어 두므로 바람에도 뜨지 않는다.

각단 마련이 쉽지 않아 서귀포시 중문면 일대에서는 1970년대 말부터 나일론줄로 대신하였다. 썩지 않는 것은 좋지만 햇빛에 쉬 삭아서 뒤에 고무줄로 바꾸었다. 헌 타이어를 손가락 크기로 벤 것으로, 스무 관에 구천 원(1987년)이며 세 칸 집에 마흔다섯 관이 든다. 수명은 사 년이다.

줄 꼬기는 품앗이로 하며, 이때 '집줄 놓는 노래'를 부른다.(**사진 107**)

사진 108은 제주시 조천읍 어느 집에서 집을 다 짓고 성주를 모시는 굿을 벌이는 모습이다.(1971) 다음은 그 내용의 일부이다.

"성주로다 성주로다 / 이 성주는 어디서 솟아난 성주냐 / 경상도 안동 땅에 솟아난 성주로다 / 이 집 지어 삼년만의(에) / 아들(아들)은 나민(낳으면) 팔도도좌원(八道都壯元)이요 / 딸은(딸을) 나민 열녀부인 / 쉐(소)는 나니 황소요, 물(말)은 나니 영마(靈馬)요 / 이 집 지어 천년 성주 만년 성주 무엇더니(지었더니) / 이 ᄆᆞ을(里)안에 제일 부재(富者)라 / 도임상(到任床)을 출(차)려놓고 근심 수심훌 일 웃이(없이) / 이 집 성주가 제일이로구나."

사진 109는 성주굿에서 목수로 변장한 사나이 심방(박수)이 집 지은 재목에 묻어온 악귀를 쫓는 대목이다. 악귀에게 겁을 주려고 얼굴에 앙괭이 칠을 하고 도끼나 낫을 휘두르며 집 구석구석으로 돌아다닌다. 사진 110은 재비들이고, 사진 111은 성주상이다. 사진 112는 성주굿에서 심방이 재비와 대화를 나누는 모습이다.

110

111

112

113

114

115

116

사진114는 흙굴이다. 땔감이 말똥이나 쇠똥에 까끄라기 따위를 둥글게 버무린 것이어서 구들에 굴뚝을 세우지 않는다. 아궁이 깊이 밀어 넣고 불을 붙인 뒤 아궁이를 막으면 온기가 밤새 유지된다. 말똥은 팔월 한가위 무렵부터 마소에게 줄 촐(꼴) 베기를 마치고 고물망텡이(말 망태기)를 메고 산과 들로 나가서 주워 모은다. 말똥은 조금씩 타들어 가는 데다가 화력이 세서 땔감으로 안성맞춤이다. 이는 1270년부터 1368년까지 제주도에 머물렀던 몽골군을 본뜬 것일 터이다.

연기는 벽 틈이나 마루 밑으로 흘러나간다. 굴뚝을 세우지 않은 것은 바람 탓이기도 하다. 불똥이 굴뚝을 타고 나가서 불을 일으키기 십상이기 때문이다. 또 나무를 때면 불길이 바람을 타고 바로 흩어져서 온기를 유지하기도 어렵다. 따라서 굴뚝이 없는 원인은 땔감과 바람 양쪽에 있는 셈이다. 정지에서 나무 대신 솔가지·보리낭·조짚 따위로 음식을 끓인 것도 마찬가지이다.

사진113은 정지에서 5-6미터 길이로 지은 흙굴 모습이고, 사진115는 난간 앞에 마련한 흙굴이다.

사진116의 굴묵은 '굴처럼 생긴 목'이라는 뜻으로, 아궁이에 들이치는 비바람을 막기 위해 주위에 벽을 치고 문을 달아서 언제나 굴처럼 어둡다는 데서 왔다. 이곳에 큰구들에 불을 넣는 함실아궁이가 있다.

117

118

390

119

120

사진 117은 신과세(新過歲)라 하여, 정월 초하루부터 보름 사이에 본향당신(本鄉堂神)에게 신년하례(新年賀禮)로 올리는 굿이다.(1992) 아침 일찍 아낙네들이 제물을 구덕에 담아 등에 지고 와서 당 안의 제단에 벌여 놓는다.(사진 118, 119) 집마다 액막이 상을 따로 마련하는 외에 희생으로 쓸 수탉도 준비한다.(사진 120)

심방(박수 무당) 네다섯이 풍악을 울리며 춤과 노래로 이어 간다. 마을의 태평과 생업의 풍요를 빌고 나서 집집의 안전과 생업의 번창을 바라는 내용을 읊조린다.

딸을 시집 보낸 집에서는 홍세함(함)을 쌌던 홍세포를 가져와서 신에게 알리고 굿 뒤에 태우기도 한다. 옛적에는 이를 팽나무 가지에 걸어 두었다.

121

사진 121은 테우이다.(1971) 테우는 연안에서 잠수(潛嫂)들이 해산물을 거두거나 고기잡이를 하는 원시적인 배이다. '테우'의 '테'는 '떼'와 같은 말로, 통나무를 떼로 엮어 짓는다. 사람이 타고 노를 저어 움직였으며, 1970년대에 자취를 감추었다.

테우는 물이 차면(물에 젖으면) 가라앉으므로, 한 해에 다섯 번쯤 뜯어서 뭍에 올려 열흘에서 보름쯤 말린다.(**사진 123, 125**)

테우는 한라산 영실 부근에서 자라는 육십 내지 백년생의 구상나무로 짓는다. 현지에서 껍질을 벗겨 한 달쯤 말렸다가 마을 사람들과 함께 가서 어깨로 메어 나른다. 테우 한 척에 지름 40센티미터의 나무 열다섯 개가 든다. 나무에 구멍을 뚫고 솔피나무 장쇠(**사진 123의 가로목**)를 가로 끼워서 고정시킨다. 길이 5미터에 가운데 너비 1.8미터쯤이다.

구상나무는 뿌리나 반대쪽이나 굵기가 같아서 가리지 않지만, 삼나무로 짜는 일본에서는 반드시 뿌리를 고물에 두고 반대쪽을 이물에 두어서 이물의 무게를 줄인다. 노는 가시나무가 좋다. 옷 따위를 올려놓거나 앉아서 쉬기도 하는 강다리(평상)는 가볍고 물에 잘 젖지 않는 '멍게낭'으로 짓는다.(**사진 122**) 돛을 달면 배가 물속으로 곤두박질치는 까닭에 달지 않는다.

사진 124는 갈퀴이다. 우도(牛島) 앞바다에서 음력 5월 말부터 한 달 동안 넙(넓)미역을 건져 올리는 틀이다.(길이 1미터쯤) 통나무 토막 한쪽에 끝이 뾰족한 나무를 돌아가며 우산살처럼 박고 아랫도리를 끈으로 단단히 묶는다. 통나무 아래의 구멍에 추 구실을 하는 돌을 잡아맨 끈을 꿰어 묶는다. 배 한 척에서 하나는 노를 젓고 나머지 셋은 갈퀴로 미역을 건져 올린다.

122

123

124

125

126

127

사진 126은 서귀포시 중문동 성천포 어느 집의 그물이다. (1985) 그물(사둘)은 여섯 겹 무명실로 길이 너 발에 둘레 열한 발로 짜며, 코의 크기는 엄지손가락이 드나들 정도이다. 이만한 그물을 짜는 데는 한 사람이 한 해 걸린다. 그물에 소 피와 감물을 먹이면 뻣뻣해서 다루기 편하다. 감 열 말을 말방애(연자방아)에 찧으며 바른 뒤 열흘 동안 말린 다음 소 피 한 말이 담긴 항아리에 넣었다가 역시 건져서 말린다. 감물과 피를 해마다 먹이면 이십 년쯤 쓴다. 그물

은 사들 장대 위에 걸어놓은 도르래를 이용해서 올리거나 내린다.

고기를 잡지 않는 계절에는 밧거리에 둔 그물을 꺼내 여럿 이 힘을 합쳐서 본디 모습으로 꾸민 다음(**사진 128**), 손질 을 하고 짝을 맞춘다.(**사진 129**)

사진 130은 그물을 추스르는 모습이다.

겨울철에는 어구를 시멘트 기둥에 가로 걸어 놓은 널에 올 리고 짚을 두툼하게 덮는다.(**사진 127**, 1971)

128

129

130

131

서귀포시 중문동 성천포의 임경원 씨(1985년 72세)가 테우 손질을 끝낸 다음 고기 뜨는 족대를 들고 강다리에 올라섰다.(사진 132) 사진 131은 그물을 사둘에 걸어 둔 모습이다.

3월부터 10월 사이에 자리(자리돔)를 거두며, 운이 따르면 하루 스무 말도 잡는다. 한 말로 보리나 감자는 맞바꾸고, 쌀은 한 되를 받으므로 큰 수입이다.(한 말은 내륙의 큰 되 넉 되이다) 해안에서 오백여 미터 떨어진 곳으로 가려면 한 시간이 걸리며, 새벽 다섯시에 떠나서 일고여덟 시간 일한다. 자리가 모이는 자리가 덕자리이다.

자리는 열댓 발 깊이의 여(물 위에서 보이지 않는 숨은 바위)에 모여든다. 따라서 그물을 바닥에 미리 깔아 두었다가 자리떼가 가운데에 반쯤 들었을 때 들어 올린다. 고기가 완전히 들고 나서 올리면 앞의 자리들이 모두 빠져나가기 때문이다. 이때는 사공이 돌을 던져서 안으로 몬다. 자리의 움직임은 물안경으로 살핀다.

사공은 산봉우리나 언덕을 위 가늠으로, 이보다 낮은 곳의 나무나 돌을 아래 가늠으로 삼는 한편, 같은 방법으로 좌우에도 가늠을 놓고 이들 사이에 눈으로 선을 그어서 그 교차점에 그물을 내린다. 자리는 모이는 곳이 따로 있으며, 그 곳을 찾지 못하면 허탕이 되고 만다.

1960년대 초에 알려진 큰물개에 있는 덕자리는 자리가 뜨

133

134

132

는 3-4월에 어촌계에서 공개입찰에 부친다. 올해(1985년)는 한 말 지기(150평)에 육만 원이었다. 다른 곳은 현장에 먼저 가는 사람이 차지한다.

테우에는 사공과 동사 둘이 타며, 고기는 반씩 나눈다. 그러나 낚시로 거두는 우럭·갈치·어랭이 따위는 잡은 사람이 차지한다. 둘 가운데 하나가 그만두면 투자금을 돌려받고 권리를 다른 사람에게 넘긴다.

테우로 멈(해초의 한 가지)을 거두어 거름으로도 쓴다. 잠수가 물에 들어가서 낫으로 멈을 자르면 사공은 갈고리로 건져 올린다. 해변에서 열흘쯤 말렸다가 2-5월에 고구마 밭에 뿌리며, 고구마를 거둔 뒤 보리를 심으면 밑거름 덕분에 잘 자란다. 잠수에게는 일당을 내거나 한 직('짓'의 사투리로 '몫'을 가리킨다)을 준다.

고사는 매달 초하루와 보름날 아침에 지내며, 구운 물고기, 메, 술 따위를 십여 분 두었다가 섞어서 바다에 버린다. 이 밖에 새로 짓거나 해가 바뀌어 처음 고기잡이에 나설 때는 큰개물당에 가서 앞의 제물을 차리고 치성을 올리고, 돌아와서도 고사를 지낸다.

사진 133은 작은 테우를 타고 앉아서 노를 젓는 모습이고, **사진 134**는 테우에 서서 긴 장대로 움직이는 장면이다.

참고문헌

김광언, 「강원도 산간가옥 사동(四棟)」, 『한국문화인류학』 제5집, 한국문화인류학회, 1972.

_____, 「경남지역의 가옥연구 1 - 남해지역」, 『한국문화인류학』 제12집, 한국문화인류학회, 1980.

_____, 「경남지역의 가옥연구 2 - 영산지역」, 『난사(蘭斯) 석주선(石宙善) 박사 고희기념논총』, 1982.

_____, 『동아시아의 뒷간』, 민속원, 2002.

_____, 「물질문화」, 『서해도서민속학』, 인하대학교박물관, 1985.

_____, 「어청도(於靑島)의 가옥」, 『김형규 교수 정년퇴임 기념논문집』, 서울대학교 사범대학 국어교육
과, 1976.

_____, 「전남지역의 가옥 3 - 도서지역」, 『한국문화인류학』 제10집, 1978.

_____, 「전북지방의 가옥 5 - 임실지역」, 『비사벌』 제5집, 전북대학교, 1977.

_____, 「전북지방의 가옥 6 - 부안지역」, 『한국문화인류학』 제9집, 한국문화인류학회, 1977.

_____, 「주거생활」, 『중국 길림성 한인동포의 생활문화』, 국립민속박물관, 1996.

_____, 『한국의 옛집』, 마당, 1982.

_____, 『한국의 주거민속지』, 민음사, 1988.

배희한, 『이제 이 조선 톱에도 녹이 슬었네』, 뿌리깊은나무, 1981.

영남대학교박물관, 『안동댐 수몰지구 고가이전 복원보고』, 1982.

울산대학교 공과대학 건축학과, 『장재촌』, 울산대학교 출판부, 1994.

윤원태, 『한국의 전통 초가』, 재원, 1998.

장보웅, 『한국의 민가 연구』, 보진재, 1981.

전라북도 남원시, 『전라북도지정문화재 실측조사보고서 - 덕치리 초가』, 1912.

현용준, 『제주도 무속자료사전』, 신구문화사, 1980.

황헌만, 『조선땅 마을지킴이』, 열화당, 1993.

杉本尙次, 『住まいのエスノロジ-日本民家のルーツを探る』, 東京: 住まいの図館出版局, 1987.

김광언(金光彦)은 1939년생으로, 서울대학교 국어교육과 및
고고인류학과, 그리고 일본 도쿄대학교 대학원을 졸업했다.
전북대학교 문리과대학 조교수와 국립민속박물관장을
지냈으며, 현재 인하대학교 명예교수이다.
민속학 관련 저서 가운데 집에 관한 책으로는 『동아시아의
부엌』(2015), 『뒷간』(2009), 『바람·물·땅의 이치』(2009),
『박장홍댁』(2009), 『백불고택』(2008), 『송석헌』(2008),
『동아시아의 뒷간』(2007), 『우리 생활 100년-집』(2000),
『한국의 집지킴이』(2000), 『한국의 주거민속지』(1988),
『한국의 옛집』(1982), 『정읍 김씨집』(1980) 등이 있다.

韓國基層文化의 探究

우리네 옛 살림집·김광언

韓國古家圖說·金光彦

초판1쇄 발행 2016년 3월 10일
발행인 李起雄
발행처 悅話堂
경기도 파주시 광인사길 25(문발동 520-10)
전화 031-955-7000, 팩시밀리 031-955-7010
www.youlhwadang.co.kr yhdp@youlhwadang.co.kr
등록번호 제10-74호
등록일자 1971년 7월 2일
편집 조윤형 이수정 조민지
디자인 공미경
인쇄 제책 (주)상지사피앤비

* 값은 뒤표지에 있습니다.

ISBN 978-89-301-0500-2
Korean Old Houses ⓒ 2016 by Kim Kwangon
Published by Youlhwadang Publishers. Printed in Korea.

이 도서의 국립중앙도서관 출판예정도서목록(CIP)은
서지정보유통지원시스템 홈페이지(http://seoji.nl.go.kr)와
국가자료공동목록시스템(http://www.nl.go.kr/kolisnet)에서
이용하실 수 있습니다.(CIP제어번호: CIP2016004033)